MÚSICA
E FILOSOFIA
estética musical

Nº Cat.: 42-L

Irmãos Vitale S.A. Indústria e Comércio
www.vitale.com.br
Rua França Pinto, 42   Vila Mariana   São Paulo   SP
CEP: 04016-000 Tel.: 11 5081-9499 Fax: 11 5574-7388

© Copyright 2004 by Irmãos Vitale S.A. Ind. e Com. - São Paulo - Brasil
Todos os direitos autorais reservados para todos os países. *All rights reserved.*

CIP-BRASIL CATALOGAÇÃO NA FONTE
SINDICATO NACIONAL DOS EDITORES DE LIVROS, RJ

T611m

Tomás, Lia
Música e filosofia : estética musical /
/ Lia Tomás - São Paulo : Irmãos Vitale, 2005

(Conexões musicais)

ISBN 85-7407-179-X
ISBN 978-85-7407-179-4

1. Música - Filosofia e estética
   I. Título
   II - Série   CDD-780.1
05-2131   CDU-780.1

05.07.2005   11.07.05   010817

Créditos

COORDENAÇÃO DE PROJETO
Yara Caznok

CAPA
Renato Ranzani Franco

DIAGRAMAÇÃO
Wiliam Kobata

COORDENAÇÃO EDITORIAL
Claudio Hodnik

PRODUÇÃO EXECUTIVA
Fernando Vitale

Apresentação

Um novo olhar sobre as disciplinas que enfatizam o pensamento reflexivo e especulativo – dentre elas a filosofia e a estética – foi uma conquista que transformou a escola nessa última década. Além das recomendações feitas pelos Parâmetros Curriculares Nacionais, a arte contemporânea, desde os *happenings* da década de 1960, solicita do professor-espectador uma nova postura. Instalações, eventos multimídia e espetáculos híbridos nos quais estão fundidas várias linguagens artísticas propõem discussões que ultrapassam o simples conhecimento técnico das diversas áreas envolvidas. Trabalhar, hoje, com um objeto artístico implica em tematizar seus pressupostos estéticos, as concepções de arte e de técnica de seu autor, de seu meio e de sua época, as condições de fruição propostas ao público, os valores espirituais e morais ali expressos, enfim, o mundo de idéias e de realizações que uma obra de arte encerra.

Neste livro, *Música e filosofia – a estética musical*, Lia Tomás, uma das mais dinâmicas e competentes pesquisadoras da área no País, introduz o leitor às questões fundamentais do campo da estética musical por meio de uma escrita simples e concisa, acessível aos que não estão habituados aos textos de natureza filosófica. Dividindo mais de dois mil anos de reflexões sobre música em quatro capítulos – da Antigüidade Grega ao século XVIII – a autora não faz um mero resumo ou uma seleção dos autores mais famosos: sua intenção é mostrar como, no decorrer da história, as funções, os conceitos, o papel e a importância da música foram sendo transformados. A estratégia de apresentar excertos de obras basilares da estética musical seguidos de comentários que iluminam as idéias neles contidas proporciona ao leitor o prazer do contato direto com o texto original, permitindo a experiência da descoberta e do encontro com o autor. Compreendemos, assim, porque é que um pensador do século V a.C., tal como o pitagórico Filolau, continua tendo muito a dizer sobre nossas questões contemporâneas.

Acompanhar os diferentes significados que a música possuiu ao longo da história obriga-nos a perguntar sobre seu lugar e sua importância hoje. Na Grécia antiga (capítulo I) estudar música significava estudar poesia, dança e ginástica, além de refletir sobre seus vínculos com a matemática, a medicina, a psicologia, a ética, a religião, a filosofia e a vida social. Na Idade Média (capítulo II), uma bela melodia deveria levar a uma fruição transcendente, supra-sensível, a um encontro com o divino, pois o conceito de beleza estava associado a Deus, à sabedoria eterna. No Renascimento (capítulo III), conceitos da música grega foram reinterpretados pelo movimento humanista e o pensamento, que se inclina cada vez mais para a ciência, resgata as relações da música com a matemática e com a acústica, regula as questões técnicas que envolvem a polifonia, cuida dos efeitos que a música produz no organismo humano e, com o advento da ópera, inaugura uma polêmica até hoje viva: há uma primazia do texto sobre a música ou, como Mozart, alguns séculos mais tarde vai afirmar, "a poesia deve ser uma filha obediente da música"? Nos séculos XVII e XVIII (capítulo IV), razão, natureza e progresso são temas que perpassam toda e qualquer discussão musical: a música deve ser apenas prazerosa? O que são emoção e fruição musical para um ouvido racionalista? A música instrumental tem um valor em si mesma?

Nossas discussões, hoje, só têm a ganhar com essas reflexões. Adentrar o universo da estética musical significa ampliar não só nossos horizontes cognitivos, mas, principalmente, nossa sensibilidade e nossa capacidade perceptiva em relação ao fenômeno artístico. Não seria essa nossa busca em sala de aula?

Yara Caznok
Coordenadora da Coleção
"Conexões Musicais"

ÍNDICE

Apresentação

Introdução	**07**
Capítulo I Antigüidade	11
Capítulo II Idade Média	29
Capítulo III Renascimento	47
Capítulo IV Barroco/Classicismo	65
Glossário	**89**
Bibliografia	**93**
Referências bibliográficas	95
Recomendações bibliográficas em português	96

Introdução

A Estética, como área autônoma, surge no século XVIII e tem como fundador o filósofo alemão Alexander Baumgarten (1714-1762). Em sua obra escrita em latim — *Aesthetica* (1750), Baumgarten procura organizar uma teoria do conhecimento sensível. No entanto, muitas das questões que o filósofo discute nesta obra não eram propriamente uma novidade, pois apesar de a Estética como área de conhecimento ser relativamente recente, as discussões que ela propõe existem desde há muito tempo. Conceitos tais como a arte, a beleza, a forma e a experiência estética, por exemplo, sempre foram discutidos pelos filósofos, mesmo que inseridos em obras filosóficas mais gerais e pontos de vista muito distintos e por vezes contraditórios.

De maneira semelhante, a Estética Musical também tem uma longa história, na medida em que, desde o princípio, na História da Música e na História da Filosofia (c. século VI a.C.) pode-se observar uma proximidade entre estas áreas, a qual se estende até os dias atuais. No entanto, no conjunto do ensino da Estética, é muito raro encontrar autores que examinem os conceitos no campo da Música, pois de modo geral é nas Artes Plásticas que essas investigações são realizadas. A conseqüência deste fato, caso não seja o total desconhecimento sobre o que seja a Estética Musical, é um conjunto de idéias errôneas ou mesmo a desconfiança de que seja possível haver alguma discussão estética com relação à Música.

As razões que justificam estas afirmações são muito complexas e como este não é o objetivo deste livro, não se estenderá aqui a discussão. Entretanto, pode-se dizer que um, dentre os motivos que legitimam este estado de fatos, se baseia na falsa idéia de que o objetivo final da Música — como se houvesse uma relação de causa e efeito entre quem compõe, quem executa e quem escuta —, é *apenas a expressão dos sentimentos*, sejam estes concretos, abstratos ou ainda de um outro tipo.

Partilhando do ponto de vista do musicólogo alemão Carl Dahlhaus, considera-se também que não há efetivamente uma separação entre a História da Música e a valoração estética da própria Música, pois os julgamentos realizados, bem como toda a atividade musical, são sustentados por pressupostos estético-filosóficos. Assim, a Estética Musical não é tão-somente um campo que se restringe ao estudo comparativo e cronológico de obras, de gêneros musicais, ou mesmo das histórias da Filosofia e da Música; ela é uma área que propõe uma interpretação histórica dos problemas da Estética Musical, valendo-se para tanto, de todo o campo de escritos possíveis sobre a música (trabalhos teóricos e analíticos, crítica musical, escritos dos compositores, textos filosóficos, científicos, literários, sociológicos, biográficos, entre outros), buscando criar um campo intermediário e tradutor entre a História da Música e a História da Filosofia.

Em uma perspectiva semelhante, o musicólogo italiano Enrico Fubini coloca a seguinte questão:

> *O que se deve entender por estética musical? Uma resposta que tenha um caráter normativo careceria de sentido. Compete ao historiador descobrir o desenvolvimento, o caminho e o significado da reflexão sobre o fenômeno musical. Seria absurdo estabelecer aprioristicamente as fontes de uma suposta Estética Musical, ou seja, decidir quem está legitimamente autorizado para falar de música. Chegaram até nós reflexões procedentes tanto de matemáticos, filósofos ou escritores, como de músicos, críticos, etc.; e não é casual que a Música tenha sido levada em consideração por categorias tão díspares de estudiosos. (1997, p.26-7)*

O objetivo deste livro é, portanto, introduzir o público interessado neste campo de estudos, valendo-se para tal da análise de trechos de textos dos principais pensadores de cada período, nos quais a música é o objeto de investigação. E justamente em razão do caráter introdutório desta obra, faz-se necessário esclarecer alguns aspectos.

Em primeiro lugar, torna-se evidente que pela extensão do assunto e objetivo do livro, muitos autores e temas ficarão apartados da discussão, pois o que nos interessa aqui é apresentar as idéias dominantes dos períodos históricos. Estes autores, bem como suas obras, serão, por vezes, referenciados no corpo do texto, indicados em notas de rodapé ou no final de cada capítulo.

O segundo ponto refere-se à cronologia. Apresentar um tema cronologicamente não significa de modo algum que haja uma dependência necessária e direta entre os pontos de vistas dos autores, nem mesmo um "caráter evolutivo" entre eles. Mesmo que se possam destacar as idéias predominantes de cada período, isso não significa que este seja homogêneo, nem que no decorrer de tais períodos haja um progresso no desenvolvimento dos conceitos, ou ainda, uma melhora qualitativa destes. Enfoques baseados neste espírito positivista acarretam tanto uma má compreensão das idéias discutidas quanto dos próprios períodos, pois não consideram a totalidade do contexto nos quais tais questões são desenvolvidas.

Portanto, é necessário muitas vezes nos distanciar dos conceitos utilizados em nossa época, e neste caso, do que comumente se entende por *estética* ou mesmo *música*, para que se possam aproximar e compreender as características dos conceitos, dos períodos e da relação entre ambos.

As citações dos filósofos serão apresentadas em destaque no texto e, a partir destas, desenvolve-se a análise ressaltando as principais implicações. Com relação aos autores de referência utilizados, destacam-se na área de Filosofia e Estética geral, Edgar de Bruyne, Paul Kristeller, Wladyslaw Tatarkiewicz, e em Estética musical, Carl Dahlhaus, Enrico Fubini, Edward Lippman e Lewis Rowell. Todas as traduções em português são de responsabilidade da autora, salvo as indicadas na Bibliografia.

Por fim, que a leitura seja proveitosa e que estimule os interessados a adentrarem nos estudos deste campo do conhecimento.

Lia Tomás
PROFESSORA DO INSTITUTO DE ARTES DA UNESP E
DA FACULDADE DE COMUNICAÇÃO DA FAAP.
SÃO PAULO, JANEIRO DE 2005.
(E-MAIL: LIATOMAS@UOL.COM.BR)

CAPÍTULO
I

Antigüidade

Antigüedad

> *É extremamente problemático reconstruir o pensamento grego em torno da música referente ao período arcaico, ou seja, desde os tempos homéricos até os séculos VI e V antes de Cristo: faltam fontes diretas e os testemunhos são quase todos de épocas tardias. É bastante difícil, ainda, distinguir, por um lado, o dado histórico e, por outro, os mitos e lendas dentro do conjunto de notícias que se transmitiu.*
> *(Fubini, 1997, p.31)*

A observação em epígrafe, feita pelo musicólogo E. Fubini, resume com precisão as questões fundamentais enfrentadas pelos estudiosos que se debruçam sobre o estudo da música grega, ou melhor, sobre os primórdios da história da música ocidental. Pode-se acrescentar a esta observação, o fato de haver uma quantidade considerável de relatos e autores que falam sobre música neste período, não havendo, entretanto, sempre uma concordância entre eles. Mesmo assim, é possível identificar um ponto fundamental e comum a todos, a saber: a música na sociedade grega exerce um papel de importância capital, pois suas conexões com outros campos do saber ultrapassam em muito o sentido comum do que se entende por música, isto é, como um fenômeno audível que pode ser percebido sensorialmente.

O que se pode dizer em linhas gerais é que a música era compreendida de um modo complexo, pois ela possuía vínculos diretos com a medicina, a psicologia, a ética, a religião, a filosofia e a vida social. O termo grego para música, *mousiké* (pronuncia-se mussikê), compreendia um conjunto de atividades bastante diferentes, as quais se integravam em uma única manifestação: estudar música na Grécia consistia também em estudar a poesia, a dança e a ginástica. Esses campos, entretanto, não eram entendidos como áreas específicas, com saberes e atuações próprios como se os concebem hoje, mas sim como áreas que poderiam ser pensadas simultaneamente e que seriam, assim, equivalentes. Todos esses aspectos, quando relacionados com a música tinham uma igual importância e, portanto, não existia uma hierarquia entre eles.

Uma outra explicação, que também contribui para o entendimento multiforme do termo música (*mousiké*) na civilização grega, se encontra nos estudos etimológicos, ou seja, no estudo das origens das palavras, da sua história, e das possíveis mudanças de seu significado. O primeiro associa música com as Musas, as deusas protetoras da educação, e por extensão, aos termos poesia e cultura geral; em um segundo momento, seu contrário (amousos, não musical) refere-se às pessoas incultas e ignorantes; na seqüência, o termo pode ser compreendido como música no sentido mais convencional, pois se refere aos ensinos específicos da área, mas também pode ser usado como sinônimo de filosofia; finalizando, a palavra *mousa*, de onde provém *mousiké*, pode ser associada ao verbo *manthanein*, "aprender", que por coincidência é também o verbo do qual se origina a palavra "matemática".

Notícias sobre as variadas funções e significados da música na sociedade grega já são encontradas em diversas narrativas mitológicas e estão associadas aos personagens Orfeu, Marsias, Dioniso e Apolo. Na literatura, encontram-se relatos em Homero (século IX a.C., Ilíada e Odisséia); em Hesíodo (século VIII a.C., Teogonia e Os trabalhos e os dias); e em praticamente todos os escritores das tragédias, como Eurípedes, Sófocles e Aristófanes.

A musicologia reporta a Pitágoras (século VI a.C.) o papel de ter sido o primeiro filósofo a organizar aquilo que, posteriormente, se chamará em linhas gerais, de teoria musical, apesar dos dados contraditórios que envolvem este personagem. O primeiro deles se refere ao fato de não ter chegado até nós nenhum relato escrito por seu próprio punho, pois o que chegou foram materiais de natureza secundária: relatos de autores contemporâneos, como Heródoto, Heráclito e Xenófanes; de autores que teriam sido alunos ou seguidores de suas doutrinas, denominados Pitagóricos; ou de autores posteriores, pitagóricos ou não. O ponto comum entre essas narrativas é a contradição das informações, seja das teorias de sua doutrina, ou mesmo das qualidades atribuídas a Pitágoras: de charlatão a semideus, existe um grande leque de variadas definições.

Um outro aspecto diz respeito à presença de Pitágoras na história da música. Em diversos períodos (Idade Média, Barroco e mesmo no século XX), encontram-se referências a ele e às suas teorias, o que cumpriria o papel de sustentar e comprovar novas idéias, mostrando assim que, a bem da verdade, elas já estavam inscritas em um pensamento mais antigo, e que, portanto, têm seu fundo de verdade. Esse conjunto de informações descrito faz de Pitágoras, sem sombra de dúvida, o personagem mais controverso da história da música.

> **Box 1** *Filolau, fragmento 11, in:* Téo de Esmirna, *106,10*
>
> Mas pode-se ver a natureza do número e sua potência em atividade, não só nas (coisas) sobrenaturais e divinas, mas ainda em todos os atos e palavras humanos, em qualquer parte, em todas as produções técnicas e na música.

A primeira citação (Box 1) pertence a Filolau (470-390 a.C.), o principal filósofo pitagórico da segunda metade do século V, e do qual se tem o maior número de fragmentos autênticos. Neste texto, Filolau deixa transparecer o duplo aspecto que atravessa toda a filosofia pitagórica, ou seja, o aspecto filosófico-científico e o religioso de sua doutrina, os quais quando atribuídos à música eram inseparáveis, pois articulados em conjunto.

Nesta passagem, o destaque é dado à concepção de número, pois Filolau assinala que a natureza deste, assim como sua ação, seu lado prático e demonstrativo, é passível de ser verificada em diversos níveis, sejam estes abstratos (no caso, religioso ou transcendente), ou concretos (nas ações cotidianas, nas produções técnicas e também na música).

É necessário observar, no entanto, que, para Filolau e também para os pitagóricos de modo geral, a concepção de número era completamente diferente da nossa. Como observa René Taton (1994, p.227), "em sua origem, as matemáticas pitagóricas são dominadas por um pressuposto filosófico: a idéia de que tudo é número e que os números são 'os modelos das coisas'". Os números eram entendidos como uma realidade independente e, por isso, eram responsáveis tanto pela harmonia, o princípio que governa a estrutura do mundo, como também simbolizavam as qualidades morais e outras abstrações. Acrescente-se, ainda, o fato de que para os pitagóricos não havia nenhuma diferença entre princípio ontológico, realidade sensível e a conexão abstrata dos números.

Dizendo de outra maneira, a ontologia, parte da filosofia que trata do ser enquanto ser, ou melhor, do ser concebido como tendo uma natureza comum que é inerente a todos e a cada um dos seres - e os fenômenos que nos cercam e que são percebidos por nós (cheiros, sons, objetos) não são diferentes dos números, enquanto tal, visto que o termo grego para número, *arithmos*, indica primeiramente uma pluralidade, uma variedade de coisas que podem ser contadas. Esta compreensão é bem diferente da noção de número como uma entidade abstrata que, apesar de não pertencer diretamente à existência das coisas, nos possibilita enumerá-las ou agrupá-las em conjuntos. Por exemplo, o fato de o número 2 não ter nenhuma relação com a natureza dos objetos "mesa" e "cadeira", pois as estruturas destas não dependem deste número, em nenhuma instância, para fixar sua existência como algo visível e de utilidade no mundo concreto, não significa que não se possam agrupar duas, três ou mais "mesas ou cadeiras" em conjuntos separados, ou "mesas e cadeiras" em um mesmo conjunto.

É importante saber, ainda, que a representação dos números para os pitagóricos era feita de forma concreta, e para tanto, utilizavam figuras geométricas ou pedras. Assim, o aspecto visual dos números era muito importante, pois eles não eram abstraídos do aspecto físico como no pensamento moderno.

Figura 1 – *Números pitagóricos.*

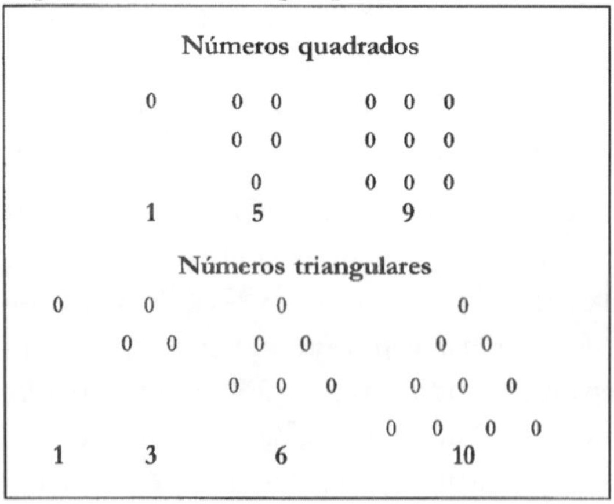

```
        Números quadrados
    0       0 0        0 0 0
            0 0        0 0 0
            0          0 0 0
    1       5          9

        Números triangulares
    0       0       0          0
         0 0     0 0         0 0
              0 0 0       0 0 0
                       0 0 0 0
    1    3     6         10
```

Observando-se o quadro ao lado (Figura 1), vê-se que os números não eram compreendidos como somas aritméticas, mas sim como figuras e grandezas, pois possuem uma personalidade própria e um limite fixado em um espaço. Os símbolos usados habitualmente, como os números 1, 2, 3 etc., eram insuficientes para representar os números. E representá-los de uma maneira figurada era também uma forma de demonstrar visualmente como a harmonia, aquele princípio fundamental que, para os pitagóricos, regula e equilibra o universo, está presente em todas as coisas.

Com relação à harmonia, cabe fazer aqui um pequeno esclarecimento sobre o termo, para depois se retornar a ele no contexto da música no pitagorismo. Segundo Edward Lippman (1975, p.1-10), em sua origem, o termo harmonia significava algo como "ajuste" ou "junção" e se referia simplesmente ao encaixe de duas peças de madeira, como, por exemplo, das tábuas de uma jangada ou das pranchas de um navio. Assim, o fundamento de sua concepção centrava-se na idéia de um ajustamento mútuo. O termo harmonia tinha na Grécia um grande campo de aplicação, mas sempre significava a união de coisas contrárias ou de elementos em conflito organizados em um todo. Assim, a harmonia, quando relacionada com a música, englobava não somente a prática musical e a afinação do instrumento, mas também um equilíbrio físico e mental.

Essa abordagem dualista da harmonia, no entanto, já se encontra na narrativa do próprio mito: Harmonia, de origem grega e filha de pais antagônicos (Ares e Afrodite), se casando com Cadmo, de origem bárbara, realizará na "conjunção dos opostos", a "harmonia dos opostos". Portanto, não é de se estranhar que a história do termo harmonia coincida, em parte, com a história de outros conceitos importantes no universo da filosofia grega, como, por exemplo, os conceitos de cosmos (universo) e lógos (palavra, razão, relação matemática, fundamento, entre outros). Em um momento posterior, a harmonia, entendida como medida e proporção, ficará restrita ao universo da música e será compreendida como um sinônimo desta.

Um outro aspecto da harmonia, entendida aqui como equilíbrio, se relaciona também com o aspecto educativo e ético da música. Essas associações encontram-se presentes nas idéias de Damon, um filósofo-músico do século V que teorizou sobre a questão da existência de um vínculo entre o mundo dos sons e o mundo ético. Essa associação, que já se encontrava nas narrativas mitológicas e que também fora desenvolvida e firmada por Pitágoras, se justifica com base na convicção de que a música exerce uma influência profunda e direta sobre os espíritos, e conseqüentemente, na sociedade em seu conjunto. Esse poder da música se fundamenta na crença de que cada harmonia provoca no espírito um determinado movimento, pois cada modo musical grego era associado a um éthos específico, ou seja, a um caráter particular de ser. As melodias eram compostas sobre estes modos e, por isso, adquiriam a qualidade específica de cada um deles, como, por exemplo, lamentoso, heróico, entre outros.

Enrico Fubini (1997, p.52-3) apresenta um relato bastante difundido na documentação musical da Antigüidade, e que se propõe a esclarecer como era entendida esta relação entre a música e os estados da alma. Segundo tal relato, alguns jovens embriagados pelo vinho e excitados pela melodia de uma flauta, tentavam entrar a força na casa de uma mulher ilustre e reputada por sua conduta irrepreensível. Nesse momento, Pitágoras (ou Damon – há uma variação quanto ao personagem central da narrativa), que passava ocasionalmente por ali, ordenou ao flautista que executasse uma melodia em modo frígio (modo utilizado nas cerimônias religiosas). Ao ouvir tal melodia, os jovens mudaram completamente sua atitude, deixando imediatamente o comportamento desordenado para assumirem uma postura solene e respeitosa. Assim, a partir desse episódio, conclui-se que, segundo este ponto de vista, a música não só pode educar o espírito como também corrigir as más inclinações: a música imita uma determinada virtude e quando escutada elimina o vício ou inclinação que a antecedeu.

Existe ainda um outro fator destacado por Lippman (1975, p.86-90) que não se pode esquecer, ao se verificar a relação da filosofia do éthos e a metafísica da harmonia: ambas são baseadas em uma concepção geral da música. No entanto, o pensamento genérico do qual provém o éthos apresenta-se de um modo diferente, pois não privilegia a estrutura harmônica da natureza e do homem (como no caso da metafísica), mas acentua o caráter rítmico da arte musical englobando, assim, a dança, a poesia e a melodia. Deste ponto de vista, a música restringe-se ao fenômeno sensível e o som permanece vinculado ao significado verbal e ao movimento, isto é, tem-se um resultado bem concreto.

No entanto, esta concretude possui uma condição ontológica inferior, visto que, neste caso, a música é apenas um fenômeno que pode ser escutado, e assim, parte do mundo ilusório da mudança: ela é apenas uma imitação de outros fenômenos que, também, podem ser percebidos por nossos sentidos; uma aparência fugidia que pode influenciar, perigosamente ou não, o estado do espírito humano.

Assim, a harmonia (mais inclinada para a metafísica) e a música (mais voltada para o fenômeno concreto e audível) apresentam significados bem diferentes e o papel desempenhado pelo som nesses dois campos torna-se distinto. No caso da harmonia, os intervalos e as escalas musicais são apenas demonstrações práticas da concepção de ordem e equilíbrio, e a sonoridade é completamente irrelevante; já para a música, como um composto de melodia, poesia e dança, o som torna-se essencial.

É necessário observar, ainda, que o lado concreto da música e o metafísico da harmonia nunca foram considerados separados pelos gregos, pois o termo 'música' é também utilizado como sinônimo para 'harmônico'. Há uma conexão entre os termos harmonia e música, e tanto o fenômeno sonoro quanto sua teoria refletem a estrutura harmônica do universo, assim como todos os seus caracteres fundamentais.

Como já mencionado, o ensino musical na Grécia era composto por várias matérias – dança, composição musical, habilidade instrumental, matemática, poesia, ginástica —, e encontrava-se conectado não apenas a um processo educacional mas também cívico. Por isso, a gramática, que antes da impulsão da retórica fazia parte deste complexo, ocupava um lugar de destaque, pois era responsável pelos elementos lingüísticos. Afinal, a música grega era predominantemente cantada e não instrumental, e a prosódia musical não era apenas responsável pelo ajuste das palavras à música e vice-versa, a fim de que o encadeamento e a sucessão das sílabas fortes e fracas coincidissem, respectivamente, com os tempos fortes e fracos dos compassos. Para que este encaixe fosse adequado, era preciso levar em consideração também o aspecto rítmico, o qual, em última instância, se associa à matemática. Assim, para os gregos, falar ou mesmo cantar era, de certa forma, também um contar.

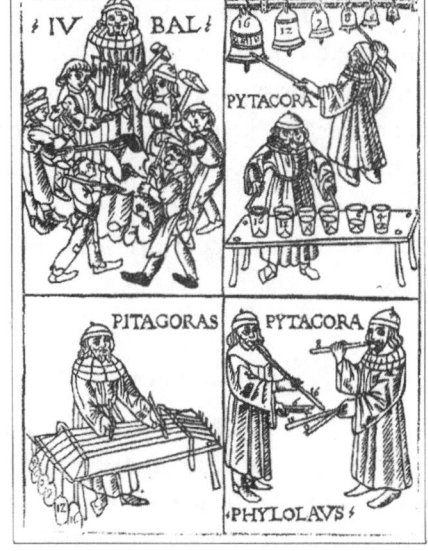

Figura 2
Representação de Pitágoras e Filolau no tratado de Franchino Gaffurio, Theorica Musicae *(1480, reeditado em 1492)*.

É justamente neste ponto que são introduzidos os comentários de Platão, pois nos trechos selecionados deste autor vêem-se algumas reverberações dos conceitos tratados até o momento.

A música em Platão ocupa um lugar importante no conjunto de sua filosofia. Mesmo sem ter escrito uma obra específica sobre o tema, é comum se encontrar nos mais diversos diálogos, tais como *República*, *Fédon*, *Górgias*, *Fedro*, *Leis* e *Timeu*, alusões e comentários sobre ela. Embora seja um tema recorrente, as concepções musicais de Platão não são apresentadas de forma organizada, pois é comum encontrarem-se significados conflitantes ou mesmo opostos em um mesmo diálogo, ou ainda, entre os diálogos. Essas concepções estão entrelaçadas com seu próprio pensamento filosófico e político, visto que para Platão a música parece oscilar entre uma condenação radical e uma suprema forma de beleza.

No diálogo Górgias, por exemplo, a música está diretamente associada com o conceito de *techné*, ou seja, ela é considerada apenas como uma técnica, uma habilidade manual que requer uma destreza. Neste, a música é equiparada a um fazer que exige de seu realizador uma competência manual (como, por exemplo, a confecção de tecidos ou móveis), e, assim, é vista de forma negativa. Não se pode esquecer que na Grécia os trabalhos manuais eram menosprezados pela classe aristocrática, porquanto segundo os costumes e a tradição da época, eles exigiam muito pouco do intelecto e, portanto, eram considerados inferiores.

Um dos aspectos mais conhecidos e recorrentes no pensamento musical platônico é a função ético-educativa da música na formação da sociedade como um todo. Em uma longa passagem do terceiro livro do diálogo, *República* (398a-402a), Sócrates conversa com Gláucon sobre a importância da educação musical. Sem se ater aos aspectos técnicos musicais, Platão, por intermédio de Sócrates, assinala quais os tipos de melodias, ritmos, instrumentos e usos da música seriam adequados ou não para a formação dos guardiões da cidade. Como ele mesmo aponta no final da passagem, a origem da teoria de fundo de sua exposição não é, de forma alguma, um pensamento original, visto que esta provém de uma tradição muito antiga e bastante conhecida, cuja primeira organização na Grécia é atribuída a Damon (Box 2).

Box 2 *Platão,* República, *398d*

(Sócrates) - Mas sem dúvida que és capaz de dizer que a melodia se compõe de três elementos: as palavras, a harmonia e o ritmo.
(Gláucon) - Pelo menos isso, sou.
(Sócrates) - E pelo que respeita às palavras, sem dúvida que não diferem nada do discurso não cantado, quanto a deverem ser expressas segundo os modelos que há pouco referimos, e da mesma maneira?
(Gláucon) - É exato.
(Sócrates) - E certamente a harmonia e o ritmo devem acompanhar as palavras?
(Gláucon) - Como não?

No trecho citado (Box 2), é necessário observar que a música à qual Platão se refere é aquela possível de ser verificada por meio da audição. Todavia, a música "sonora" neste caso é a música cantada, entendida aqui como um composto indissociável de "palavras, harmonia e ritmo" e não a música instrumental. A música instrumental e suas implicações técnicas – primeiramente, alvo dos ataques de Damon e retomada com o mesmo propósito por Platão na *República* – começa a ocupar um lugar de destaque justamente no final do século V a.C., por meio dos concertos solistas de instrumentos de sopro (como a flauta e o aulos) e das competições públicas, cujo objetivo era apresentar a destreza técnica do intérprete e o desenvolvimento de uma teoria musical particular, pois direcionada, sobretudo, para os aspectos práticos.

Nesta modalidade, o artista não precisava integrar em sua récita outras atividades, tais como a declamação (ou mesmo o canto) e a dança, pois seria necessária a presença de outro indivíduo, um para tocar e outro para declamar/dançar. A prioridade neste tipo de espetáculo é a interpretação individual e o domínio da técnica instrumental, o que não tem necessariamente que se relacionar ou tomar como modelo, nem questões ético-educativas gerais nem os ideais do Estado.

Sobre a música cantada E. Moutsopoulos, um importante estudioso da música na obra de Platão, observa que:

> *A consideração da estreita unidade entre os elementos musicais implicam um segundo princípio, a homogeneidade. Palavras com certas características devem ser acompanhadas por uma harmonia e um ritmo de mesmo caráter. Mas as palavras, recitadas ou cantadas, são o único critério racional para o julgamento do valor dos poemas, o que conduz a um terceiro princípio, segundo o qual 'a harmonia e o ritmo devem se acomodar às palavras': o contrário seria um delito que comprometeria as leis estéticas e morais da cidade.* (1989, p.67)

Em outra passagem da *República*, Platão assinala o fato de que, mesmo sendo a música um instrumento educativo, ela também pode ser compreendida como um objeto da razão. Aqui, Sócrates condena os músicos que privilegiam a construção de uma teoria musical fundamentada na experiência auditiva sem levar em consideração os cálculos matemáticos[1]. Veja-se, assim, como o problema é colocado:

---

[1] Este fato também colabora com o fato da condenação, por parte de Damon e depois Platão, da música instrumental. A verdadeira cisão entre as tradições "teórica" (no caso,

Sócrates: Que não tentem jamais que os nossos educandos aprendam qualquer estudo imperfeito, que não alcancem o lugar que devem alcançar, como dizíamos a pouco a propósito da astronomia. Ou não sabes que fazem outro tanto com a harmonia? Efetivamente, ao medirem os acordes harmônicos e os sons entre si, produzem um labor improfícuo, tal como os astrônomos.

Gláucon: Pelos deuses! É ridículo, sem dúvida, falar de não sei quais intervalos mínimos e apurarem os ouvidos, como se fosse captar a voz dos vizinhos; uns afirmam ouvir no meio dos sons um outro, e que é esse o menor intervalo que deve servir de medida; os outros sustentam que é igual aos que já soaram, e ambos colocam os ouvidos à frente do espírito.

Sócrates: Referes-te àqueles virtuosos músicos que perseguem e torturam as cordas, retorcendo-as nas cravelhas. Mas para não ampliar mais a discussão falando, por exemplo, de como golpeiam as cordas com o plectro e nas acusações contra as cordas, ou porque se recusam ou porque exageram – prescindirei desta imagem e declaro que não é desses homens que eu falo, mas daqueles que a pouco dissemos que pretendíamos interrogar sobre a harmonia. Porque, ao fim e ao cabo, fazem o mesmo que os que se ocupam da astronomia. Com efeito, eles procuram os números nestes mesmos acordes que escutam, mas não se elevam até ao problema nem consideram, ao menos, quais são os números harmônicos e quais não são, e por qual razão diferem. (VII, 531a)

Nesta passagem, observa-se que Platão assinala a existência de dois tipos de músicas distintas: a primeira, que se pode escutar e a segunda que não se pode, sendo aqui apenas esta a merecedora de sua atenção. E isto se deve ao fato de que, por ser abstraída de sua sonoridade, ela atinge seu mais alto grau, ou seja, ela se torna um conceito que pode ser pensado de maneira independente, sem precisar estabelecer relações com o mundo físico, com os sons que podemos escutar.

No entanto, essa música conceitual e inaudível só pode ser compreendida quando relacionada com a metafísica da harmonia. Nesse aspecto, Platão se aproxima das concepções pitagóricas sobre a música, pois a harmonia da música absorve a harmonia do universo (cosmos), abrindo assim duas vertentes complementares: enquanto instrumento educativo, o conhe-

---

representado pelos pitagóricos) e "prática" só irá ocorrer realmente com a obra *Elementos Harmônicos* de Aristoxeno de Tarento, discípulo de Aristóteles. Apesar da posteridade deste autor e de sua obra, a problemática já se evidencia.

cimento da música alcança o sentido mais elevado, pois pode trazer harmonia a um possível desequilíbrio da alma. Isso ocorre porque esta harmonia cósmica se reflete na harmonia da própria música, na organização dos sons: quando esta é ouvida, atua diretamente em nosso corpo e espírito e nos reequilibra; por outro lado, a música enquanto conceito, como instrumento do pensamento e do conhecimento, se relaciona à essência do universo, pois a harmonia representa a ordem reinante no cosmos. Neste segundo aspecto, a harmonia não tem necessidade de ser demonstrada de modo prático, e assim, também, permanece em um nível conceitual.

> **Box 3** *Platão,* Fédon, *60e-61a*
>
> Várias vezes, no curso de minha vida, fui visitado por um mesmo sonho; não era através da mesma visão que ele sempre se manifestava, mas o que me dizia era invariável: "Sócrates", dizia-me ele, "deves esforçar-se para compor música!". E, palavra! sempre entendi que o sonho me exortava e me incitava a fazer o que justamente em minha vida passada. Assim como se animam corredores, também, pensava eu, o sonho está a incitar-me para que eu persevere na minha ação, que é compor música: haverá, com efeito, mais alta música do que a filosofia, e não é justamente o que eu faço?

É nesta perspectiva da música conceitual que se introduz a segunda citação de Platão no diálogo Fédon (Box 3). Neste fragmento, Sócrates relata um sonho recorrente no qual lhe era solicitado um esforço em direção à composição musical. Depois de muito refletir sobre uma possível interpretação, ele conclui que sua atividade como filósofo era equivalente ao que o sonho lhe solicitava, ou seja, que ele compusesse música.

Esta equivalência se justifica por haver uma certa identidade entre os conceitos, pois a música vista como uma derivação da matemática pitagórica, como algo puramente pensável e inteligível, constitui o fundamento teórico da concepção de música como filosofia; de modo semelhante, o caráter ético-pedagógico inspirado na teoria de Damon, mais voltado para a música audível, assegura a garantia das regras e dos gêneros ante as transformações, muitas vezes danosas, que ameaçavam toda a sociedade.

Entre o músico e o filósofo e a música audível e a conceitual, Platão procura evidenciar a tensa ligação que oscila de uma oposição rigorosa até uma identificação absoluta. Mesmo que por vezes o músico seja tratado como oportunista e corruptor do Estado ideal, a educação musical se faz necessária para a formação dos indivíduos, pois todas as ações e pensamentos humanos têm necessidade de ritmo e harmonia.

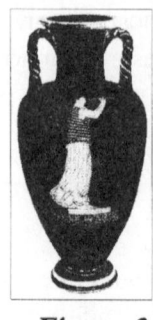

Figura 3
Jovem tocando o aulos
(480-470 a. C.)

Com Aristóteles, tem-se a introdução de um novo tema associado à música. Mesmo tendo sido aluno de Platão por 20 anos, Aristóteles desenvolveu uma filosofia própria e por vezes discordante de seu mestre. Para citar um exemplo, este concedia às artes uma importância valiosa, na medida em que poderiam reparar as deficiências da natureza humana, contribuindo na formação moral dos indivíduos de maneira inestimável.

Na *Política* de Aristóteles, obra análoga à *República* de Platão em seus objetivos, a educação também é um assunto presente e muitas das considerações apresentadas são provenientes dos escritos pitagóricos, platônicos ou damonianos. No entanto, Aristóteles introduz a questão do hedonismo, ou seja, do prazer imediato proporcionado (neste caso) pela escuta e discute a partir disto quais seriam os verdadeiros propósitos dos estudos musicais na educação como um todo.

Box 4 *Aristóteles,* Política, *VIII,V,1337b-1338a*

Pode-se dizer que há quatro ramos de educação atualmente: a gramática, a ginástica, a música e o quarto segundo alguns é o desenho; a gramática e o desenho são considerados úteis na vida e com muitas aplicações, e se pensa que a ginástica contribui para a bravura; quanto à música, todavia, levantam-se algumas dúvidas. Com efeito, atualmente a maioria das pessoas a cultiva por prazer, mas aqueles que a incluíram na educação agiram assim porque, como já foi dito muitas vezes, a própria natureza atua no sentido de sermos não somente capazes de ocupar-nos eficientemente de negócios, mas também de nos dedicarmos nobremente ao lazer, pois – voltando mais uma vez ao assunto – este é o princípio de todas as coisas. (...)

Por esta razão os antigos incluíram a música na educação, não por ser necessária (nada há de necessário nela), nem útil no sentido em que escrever e ler são úteis aos negócios e à economia doméstica e à aquisição de conhecimentos e às várias atividades da vida em uma cidade (...) nem como nos dedicamos à ginástica, por causa da saúde e da força (não vemos qualquer destas duas resultarem da música); resta, portanto, que ela seja útil como uma diversão no tempo de lazer; parece que sua introdução na educação se deve a esta circunstância, pois ela é classificada entre as diversões consideradas próprias para os homens livres.

Aristóteles, Política, *VIII,V,1339b*

Nossa primeira indagação é se a música não deve ser incluída na educação, ou se deve, e em qual dos três tópicos que já discutimos sua eficácia é maior: na educação, na diversão ou no entretenimento. É necessário incluí-la nos três, e ela parece participar da natureza de todos eles. A diversão visa ao relaxamento, e o relaxamento deve ser forçosamente agradável, pois ele é um remédio para as penas resultantes do esforço; há consenso quanto ao fato de o entretenimento dever ser não somente elevado, mas também agradável, pois estas são duas condições para a felicidade. Ora: todos nós afirmamos que a música é uma das coisas mais agradáveis, seja ela apenas instrumental, seja acompanhada de canto, (...), de tal forma que também por este motivo se deve supor que a música tem de ser incluída na educação dos jovens.

No trecho selecionado (Box 4), após enumerar as disciplinas-chave da educação à época, a saber: gramática, ginástica, música e, segundo alguns, desenho, Aristóteles questiona a participação da música, pois sobre esta última, muitas dúvidas foram colocadas. Sua associação imediata com o prazer faz que o autor oponha a música a qualquer atividade, pois esta parece se adequar melhor ao desfrute no tempo livre. Sua inclusão na educação, portanto, se justifica na medida em que o descanso também é necessário para a formação dos jovens, cuja finalidade se justifica por si mesma.

Entretanto, cabe observar que a música para Aristóteles, mesmo estando associada às atividades de diversão no tempo de lazer, não é compreendida apenas como um mero passatempo, como uma distração sem compromisso, cujo objetivo é somente entreter e estimular os prazeres físicos, sejam eles da própria escuta ou do movimento corporal. O motivo de sua necessidade também se relaciona ao fato de que sua apreciação está associada a fatores de cunho ético/moral e intelectual.

O fator moralizante da música se relaciona diretamente com a teoria do éthos (exposta anteriormente), na medida em que Aristóteles concorda com a idéia de que os modos musicais possuem características particulares que atuam em nosso estado de espírito, podendo corrigir certas inclinações inadequadas para a vida em sociedade. Nas citações escolhidas do autor, verificam-se certas qualidades associadas ao ato da escuta, bem como aos indivíduos que dela desfrutam: a nobreza e a adequação a certa classe social. Portanto, a escuta distraída e desatenciosa para com a música sugere apenas uma reação prazerosa e vulgar que conduz ao sensualismo, ou seja, qualidades pouco dignas para serem apreciadas como finalidade educacional.

No decorrer do texto, Aristóteles esclarece o fato de que o ensino musical deve ser enfatizado com relação à escuta e não à prática instrumental. Afinal, a execução de instrumentos como objetivo final se relaciona aos trabalhos manuais, atividade imprópria para a educação de um homem livre. A prática instrumental, no entanto, não é descartada inteiramente do processo educativo, porém deve ser realizada apenas durante um certo período para que os jovens tenham uma maior familiaridade com a música, e que, portanto, sua capacidade de julgamento sobre esta arte seja mais acurada.

A capacidade de emitir julgamentos pertinentes é o verdadeiro objetivo da participação da música no processo educacional. No entanto, Aristóteles não descarta a esfera hedonista deste processo, ou seja, o ato de aprender não está afastado da esfera do prazer, pois a compreensão de um determinado assunto também proporciona um prazer de ordem intelectual.

O prazer intelectual proporcionado pela escuta musical, no entanto, não é considerado aqui como uma renúncia, uma privação aos estados mais imediatos de prazer: ele pode ser agradável e útil, pois visa ao conhecimento não apenas das particularidades da música (teoria musical, construção dos intrumentos, entre outros) mas também dos aspectos éticos e morais associados a ela.

Assim, não há, segundo Aristóteles, nenhuma discrepância em associar a música à diversão ou ao entretenimento, desde que não se perca de vista que esta associação é apenas um processo e não uma finalidade. Sua eficácia enquanto disciplina liberal e nobre está intimamente relacionada com pressupostos filosóficos e pedagógicos, e assim sua inclusão na educação se justifica plenamente.

Figura 4
Instrumentista e Musa tocando a cítara (490-480a.C. e 440a.C., respectivamente).

CAPÍTULO
II

Idade Média

Na transição da Antigüidade para a Idade Média, o pensamento ocidental é marcado pelos textos dos primeiros padres da igreja católica (o conjunto destes escritos se chama Patrística) e pela filosofia da Roma pagã. Estes se encontravam diante de uma difícil tarefa, pois tentavam conciliar um problema com várias ramificações, a saber: como firmar a existência da nascente religião e filosofia cristã ante a tradição cultural, religiosa e filosófica greco-romana? Como aliar pontos de vista filosóficos diferentes sobre assuntos distintos, porém fundamentais, como a conduta ética, a vida em sociedade, a educação, a religião e as artes em geral? No que se refere à música, como unir o conhecimento musical grego e hebraico aos ritos eclesiásticos?

Durante os primeiros dois séculos do Cristianismo, os escritores estavam mais inclinados a viver segundo os dogmas da religião do que se preocupar com assuntos mais terrenos, como a beleza e as artes; no entanto, logo tiveram que tomar posições, pois mesmo que a *Bíblia* não oferecesse nenhum esclarecimento objetivo sobre os assuntos, estes exigiam uma urgência de resposta perante as circunstâncias. A solução encontrada para tal impasse não foi, como se poderia esperar, um afastamento e banimento das artes, mas sim uma mudança qualitativa de seu caráter, o que está diretamente associado à transformação do conceito de beleza.

A beleza, antes compreendida como algo vinculado à natureza, passa a ser entendida como divina, perfeita, espiritual e supra-sensível (ou transcendental). Sendo estas em primeiro lugar as características de Deus, ele deve necessariamente refletir-se nas artes, ou seja, o que as artes devem representar é, portanto, a grandeza e a sabedoria divina no lugar da aparência fugidia das coisas que nos rodeiam.

Nesse aspecto, a música ocupa um lugar de destaque, pois o clero sabia da importância que o conjunto dos estudos musicais tivera na Antigüidade, assim como a funcionalidade que eles poderiam ter naquele momento. Mesmo assim, viam o desenvolvimento da música instrumental e dos próprios instrumentos como desfavoráveis à prática religiosa, pois esta poderia despertar apenas o sensualismo e a hipocrisia. Assim, conclamam as antigas práticas, priorizando a música vocal e expulsando os instrumentos musicais do culto.

Clemente de Alexandria (150-220), São Basílio (330-378), São João Crisóstomo (c. 345-407) e São Jerônimo (340-420), os primeiros escritores, partilham a idéia de que a música é um instrumento de propagação da fé, pois esta colabora no cultivo de Deus. A música torna-se, portanto, um meio imprescindível para o enriquecimento do serviço religioso.

Como observa W. Tatarkiewicz (1979, II, p.151-2), a Idade Média - período compreendido entre o século IV (final da Antigüidade) até o começo do Renascimento (século XIV) -, conheceu a teoria musical grega através dos escritos de dois autores intermediários entre os períodos, cujos conhecimentos sobre o tema era bastante satisfatório: Santo Agostinho (354-430) e Boécio (480-524). Como decorrência, os escritores medievais posteriores que escreveram sobre música, comumente, se limitavam a reproduzir aquelas idéias com as próprias palavras, sem acrescentar mudanças evidentes, o que originou uma abundância de tratados e escritos.

Ao lado destes, também os filósofos escreveram sobre música. A música, segundo esta perspectiva, era considerada uma propriedade universal das coisas e, portanto, a teoria musical constituía assim um ramo da filosofia. A partir de Johannes Scotus Erigena (século IX) quase todos se pronunciaram sobre o tema: Hugo de São Vitor, Adelardo de Barth, os filósofos árabes, Roberto Grosseteste, Roger Bacon, e ainda, São Boaventura e Tomás de Aquino.

É necessário observar, no entanto, que as idéias medievais sobre música, sejam estas teóricas ou estéticas, constituíam uma parte integrante e comum do pensamento medieval. Conseqüentemente, os pontos de vista defendidos pelos musicólogos e pelos filósofos não eram substancialmente muito diferentes. Por isso, a teoria medieval sobre a música pode ser tratada como um corpo único do século IX até o século XV.

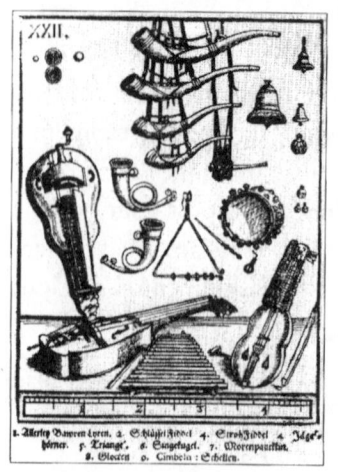

Figura 1
Ilustração de instrumentos de cordas, sopros e percussão no tratado Syntagma Musicum II (De Organographia), *de M. Praetorius*

Box 1 *Santo Agostinho,* De musica, *livro I, II, 2.*

A música é a ciência do bem medir.

Santo Agostinho, Confissões, *livro X, 33.*

Os prazeres do ouvido prendem-me e subjugam-me com mais tenacidade. Mas Vós me desligastes deles, libertando-me. Confesso que ainda agora encontro algum descanso nos cânticos que as Vossas palavras vivificam, quando são entoadas com suavidade e arte. Não digo que fique preso por eles. Mas custa-me deixá-los quando quero. (...)

Às vezes, parece-me que lhes tributo mais honra do que a conveniente. Quando ouço cantar essas Vossas santas palavras com mais piedade e ardor, sinto que o meu espírito também vibra com devoção mais religiosa e ardente do que se fossem cantadas de outro modo. Sinto que todos os afetos da minha alma encontram na voz e no canto, segundo a diversidade de cada um, as suas próprias modulações, vibrando em razão de um parentesco oculto, para mim desconhecido, que entre eles existe. Mas o deleite da minha carne, ao qual não se deve dar licença de enervar a alma, engana-me muitas vezes. Os sentidos, não querendo colocar-se humildemente atrás da razão, negam-se a acompanhá-la. Só porque, graças à razão, mereceram ser admitidos, já se esforçam por precedê-la e arrastá-la! Deste modo peco sem consentimento, mas advirto depois.

Outras vezes, preocupando-me imoderadamente com este embuste, peco por demasiada severidade. Uso às vezes de tanto rigor, que desejaria desterrar dos meus ouvidos e da própria Igreja todas as melodias dos suaves cânticos que ordinariamente costumam acompanhar o saltério de Davi. Nestas ocasiões, parece-me que o mais seguro é seguir o costume de Atanásio, Bispo de Alexandria. Recordo-me de muitas vezes me terem dito que aquele Prelado obrigava o leitor a recitar os Salmos com tão diminuta inflexão de voz que mais parecia um leitor que um cantor. (...)

Assim flutuo entre o perigo e o prazer e os salutares efeitos que a experiência nos mostra. Portanto, sem proferir uma sentença irrevogável, inclino-me a aprovar o costume de cantar na igreja, para que, pelos deleites do ouvido, o espírito, demasiado fraco, se eleve até aos afetos de piedade. Quando, às vezes, a música me sensibiliza mais do que as letras que se cantam, confesso com dor que pequei. Neste caso, por castigo, preferiria não ouvir cantar. Eis em que estado me encontro

No Box 1 têm-se duas citações de Santo Agostinho, um dos mais proeminentes pensadores cristãos, cujo tratado *De Musica* é considerado um modelo de escrita. Este tratado composto por seis livros e escrito em forma de diálogo, apresenta no primeiro livro uma das frases mais célebres da obra: "a música é a ciência do bem medir"[1] (*Musica est scientia bene modulandi*). À primeira vista, causa estranhamento o fato de Santo Agostinho associar a música com a ciência e esta, com o "bem" medir, pois esta associação parece distante. No entanto, quando se faz uma análise mais profunda e do contexto no qual ela foi escrita, encontra-se, praticamente, o resumo do pensamento estético agostiniano, para não dizer de boa parte da Idade Média.

A definição destaca a associação da música com a ciência porque conserva a idéia fundamental advinda dos Pitagóricos, para os quais a essência da música se baseava no número e na proporção e, assim, na matemática. Para Santo Agostinho, a música estava mais relacionada com a faculdade intelectual do que com os instintos e sentidos. Apesar de ele não ignorar o fato de que a música podia gerar certos prazeres para quem escuta, em uma escala hierárquica, o prazer auditivo ocupava o último lugar. Acrescente-se, ainda, o fato de que, para ele, os sentidos, quando usados ao acaso, sem qualquer associação a critérios mais rigorosos, eram pouco confiáveis como instrumentos de juízo para com as composições e interpretações musicais.

Cabe observar, no entanto, que esta associação da música com a matemática, não é uma característica exclusiva de Santo Agostinho. Como já foi dito, esta relação que provém da Antigüidade se torna muito mais estreita e dependente na Idade Média do que no período antecessor. No entanto, a concepção geral da música compreendida aqui é muito ampla, na medida em que o conceito de harmonia, o conceito fundamental da música, passa a ser entendido como sua conseqüência: em outras palavras, se para os gregos a "música é harmonia", para os medievais a "música é o fundamento da harmonia".

Retomando Tatarkiewicz, o autor esclarece com precisão as observações anteriores:

> *A harmonia não se exterioriza necessariamente no som, mas também no movimento: a música sonora é apenas uma das formas da música. Ainda que alguns autores medievais refiram-se aos sons, outros apenas se ocupam da teoria abstra-*

---

[1] Em algumas traduções encontra-se "bem modular" no lugar de "bem medir". De certa forma, isto não altera substancialmente o sentido da frase.

> ta da harmonia e da proporção e não demonstram quase nenhum interesse pelo som. O duplo aspecto da música – auditivo e abstrato – é muito mais característico da teoria da música medieval do que a da Antigüidade.
>
> A concepção abstrata da música é a que prevalece. Derivada do pitagorismo, do Timeu platônico e de Boécio, não se limita a estabelecer uma relação entre a música e a matemática, mas transforma a música em um ramo da matemática.
>
> No entanto, já que se acreditava que a proporção, conceito central da música, não era um produto da mente humana nem uma invenção do musicista, mas uma propriedade da realidade, a teoria da música era considerada um ramo da Doutrina do Ser ou Ontologia. (p.152-3)

Na citação de Santo Agostinho (*De Musica*, L.I,II,2), a expressão "bem medir" está associada ao conceito de belo, que por sua vez devia coincidir com o bom, com o verdadeiro e com todos os outros atributos do ser e da divindade. A beleza, no entanto, não fica apartada da relação com a ciência, porque Santo Agostinho compreendia a beleza como uma qualidade objetiva que podia ser mensurada. Se ela é associada à perfeição, como já apontado, é necessário que a harmonia esteja presente não apenas na totalidade das coisas, mas, sobretudo na relação entre as partes que compõem esta totalidade. A proporção entre as partes é mais importante do que a proporção singular de cada parte.

Tomemos como exemplo uma estátua humana qualquer. Se pensarmos em cada parte que compõe tal estátua, não basta haver uma proporção entre a composição dos elementos individuais: no caso de um braço, entre o tamanho dos dedos e a palma que compõem a mão, entre a proporção e distância da mão e o cotovelo e deste em relação ao ombro. É preciso que haja uma proporcionalidade entre os braços e as pernas, os braços e o tronco, as pernas e a cabeça, ou seja, na totalidade da estátua.

Se a beleza é fruto da inter-relação adequada entre as partes que compõem as coisas (sejam produtos da mente humana – pinturas, objetos - ou o próprio ser humano) e pode ser mensurada, o "bem medir", quando associado à música refere-se então ao ato de reconhecer auditivamente as proporções entre os intervalos e os tempos musicais, entre as partes e toda a obra. A harmonia, a ordem e a unidade, atributos divinos que também qualificam o conceito de beleza, encontram-se ainda presentes na música. E neste caso, é o que avaliza o seu estatuto científico.

Veja-se em outra passagem como Santo Agostinho (*De Musica*) esclarece a questão:

> *A música é a arte do movimento ordenado. E se pode dizer que tem movimento ordenado tudo aquilo que se move harmoniosamente, guardadas as proporções de tempo e intervalo (com efeito, deleita e por esta razão se pode denominar modulação sem inconveniente algum); mas pode ocorrer, por outro lado, que esta harmonia e proporção cause deleite quando não é necessário. Por exemplo, se alguém que canta com voz muito doce e dança com graça quer com isso provocar a diversão quando a situação reclama seriedade, não emprega bem, certamente, a modulação harmoniosa; ou seja, pode afirmar-se que tal artista emprega mal, ou seja, inconvenientemente, esse movimento, que é em si bom pelo fato de ser harmonioso. Pois é preciso considerar que a modulação é própria de todo cantor, desde que não se equivoque nas medidas das palavras e dos sons; mas a boa modulação pertence a esta disciplina liberal, ou seja, à Música.(L.I, II, 4)*

Na segunda citação apresentada no Box 1, Santo Agostinho narra um conflito vivido perante a experiência sonora, no qual oscila entre o prazer sensorial causado pela escuta e a compreensão intelectual do texto cantado e das relações intervalares e temporais da música. Enrico Fubini comenta esta passagem da seguinte maneira:

> *Se Agostinho filósofo não mostra grande simpatia pela música nem pelos que a interpretam, os quais 'quando interrogados sobre os ritmos empregados ou sobre os intervalos dos sons agudos e graves, não se encontram em situação de responder', Agostinho sensível à arte, aberto à fascinação da música e à sedução do som e da melodia vacila em face do seguinte dilema: aceitar o prazer ambíguo e profundo da música, esquecendo-se das abstrações dos teóricos e da metafísica dos números, ou renunciar radicalmente a tal prazer em favor da pura pregação, da palavra despojada de todo ornamento.*
>
> *Este dualismo, que em Santo Agostinho apresenta às vezes expressões dramáticas será uma constante no decorrer de quase todo pensamento medieval: música como ciência teórica, entendida às vezes como instrumento privilegiado de ascese[2] mística, e música como atração sensual, como som corpóreo e como instrumento de perdição.*

---

[2] Exercício espiritual prático que leva à efetiva realização da virtude, à plenitude da vida moral.

> *A bem da verdade, na raiz desta dicotomia existem duas concepções estéticas diferentes: a idéia da música como ascese nos remete a uma estética pitagórica dos números; a música como som e objeto de prazer sensível nos remete a uma estética da imitação de fundo aristotélico e a uma concepção da música como imitação das paixões.(1997:91)*

Às observações de Fubini se acrescentaria, ainda, que a concepção da música como imitação das paixões funda-se nas idéias de Damon e na noção de *éthos* grego (v.cap.1), ou seja, na premissa de que para cada modo musical havia a correspondência de um caráter. Na passagem da Antigüidade para a Idade Média, o caráter atribuído ao *éthos* (de fundo pagão) foi reinterpretado como caráter moral cristão; e como a música neste momento também era baseada em modos, a assimilação foi imediata.

Box 2 *Boécio*, De Institutione Musica, *livro I, 33.*

O que é o músico?

Eis o que devemos considerar: toda arte, assim como toda disciplina, é por natureza mais digna do que o trabalho produzido pelas mãos do artesão. Por isso, é mais nobre e melhor saber o que uma pessoa faz do que executar o que esta pessoa sabe, pois a habilidade física obedece a tal qual um escravo, enquanto a razão governa soberana. Se as atividades manuais não estão de acordo com a razão, a coisa feita é vã. Portanto, muito mais admirável é a ciência da música apreendida pela razão do que pela execução de obras e pela ação! E ainda, o corpo ultrapassou a mente porque as pessoas destituídas de razão vivem na servidão. O papel da razão é comandar. Se isso não for obedecido, o trabalho destituído de razão será impreciso. Por isso que a contemplação racional de um trabalho não precisa de ação, enquanto o trabalho manual só adquire valor se determinado pela razão. Como a glória e o mérito da razão podem ser compreendidos pelo fato de que o artífice (sobre o qual eu falo) é nomeado de acordo com suas habilidades, não pelo nome de sua disciplina, mas pelo nome de seu instrumento.(...) No entanto, o músico é aquele que refletiu por si mesmo sobre a ciência da canção, não pela servidão do trabalho, mas pelo ato de contemplação. (...)

Por conseguinte, existem três tipos de pessoas associadas à arte musical. A primeira executa os instrumentos, a segunda compõe as canções e a terceira julga os trabalhos instrumentais e as canções.

O tipo que se dedica aos instrumentos e que consome seus esforços nesta prática, como, por exemplo, os executantes de cítara ou aqueles que se apresentam no órgão ou em outros instrumentos musicais, estão separados da intelecção da ciência musical, pois eles são escravos, como já foi dito, não fazem uso da razão e são totalmente desprovidos de reflexão.

A segunda classe é a dos poetas que compõem canções, porém não tanto pela reflexão ou pela razão, mas por um certo tipo de instinto natural. Assim, esse tipo também está separado da música.

A terceira classe é aquela que assume a destreza do julgamento, que pode avaliar os ritmos, as melodias e as canções como um todo. E observando que a totalidade é fundada na razão e na reflexão, esta classe é reconhecida como altamente musical, e este homem é reconhecido como um músico que possui a faculdade de julgar, acordando a reflexão ou razão apropriada e conveniente à música, aos modos e ritmos, às classes de melodias e suas combinações (e todas as coisas que são discutidas posteriormente), assim como às canções dos poetas.

Aqui se introduz o pensamento de Boécio que, juntamente com Santo Agostinho, foi o filósofo mais influente do período. Suas concepções musicais encontram-se no tratado *De Institutione Musica*, do qual o texto apresentado no Box 2 é dos mais conhecidos, e cuja reverberação se estendeu até o início do Renascimento.

A estética de Boécio é formulada sobre 3 eixos básicos, a saber: 1) a matemática se encontra em seus fundamentos; 2) é essencialmente intelectualista, na medida em que reduz a arte à teoria; 3) visa à metafísica, já que se dirige para a música cósmica. Como praticamente todo o seu pensamento é voltado para a música, observa-se em seus textos que o conceito de música é amplo, pois é concebido como um sinônimo de estética (no sentido geral do termo). Para ele, o falar sobre música ou estética adquire uma equivalência de sentido, na medida em que ambos os conceitos fundamentam-se na idéia de harmonia.

Edgar De Bruyne, reputado estudioso da estética medieval, apresenta três razões prováveis que justificam o uso desta identidade conceitual:

> *Em primeiro lugar, tanto para os gregos quanto para os medievais, o mundo sensível é essencialmente devir: assim, é natural que considerem a sucessão no tempo mais fundamental do que a simultaneidade no espaço, e que prefiram a música às artes plásticas. Um segundo aspecto é que para Teofrasto,[3] que parece ter sido conhecido por Boécio, o sentido da escuta é superior à visão: sem a escuta não existirá cultura, pois é através dela que a ciência (e também a emoção) penetra na alma; a música, que contém a poesia e o discurso, deve ser conseqüentemente a primeira de todas as artes. O terceiro ponto se refere ao fato de que a música não tem apenas uma significação teórica, ela tem ainda um caráter moral indelével, pois ela age sobre as disposições da alma ou sobre o caráter.*
>
> *Assim, não é sobre a música sonora (pelo menos não exclusivamente) que os antigos falam em sua concepção musical do universo, pois dois argumentos provam que ambas são condicionadas. A divisão ou classificação da música é regida pelos modos os quais a harmonia se manifesta, pois ela se faz valer em três domínios: no universo e no homem – nos quais ela não prescinde da relação com o som – e nas melodias produzidas pelos instrumentos. (1998, I:11-2)*

---

[3] Teofrasto (372 a.C.? – 288 a.C.), filósofo grego, foi o principal discípulo de Aristóteles. Quando da sua morte, sucedeu-o no Liceu.

É justamente nesta perspectiva que se insere o texto selecionado de Boécio (Box 2) no qual, apresentando a definição do que seja um músico, valoriza aquele que sabe julgar pela razão e não os que são peritos em uma prática. De acordo com seu ponto de vista, o instrumentista é alguém que apenas desenvolveu suas aptidões corporais por imitação de seus mestres, sem levar em consideração os aspectos filosóficos inerentes à música. Sua preocupação concentra-se apenas no fazer, no produzir, e por isso ele não é digno de ser referenciado pelo nome de sua disciplina. O que o nomeia é uma derivação de sua habilidade, de sua *techné*, a qual não se vincula a nenhum processo intelectual, pois é meramente imitativa.

O segundo tipo, o poeta (ou compositor), é na visão de Boécio apenas um intuitivo que, por também não ter nenhuma participação direta (entenda-se intelectual) no processo de criação, fica apartado da categoria de músico. Subentende-se aqui que este sofre a influência da inspiração (no caso externa), esta sim responsável pela produção poética. O terceiro é o teórico, aquele que é considerado músico[4] no sentido estrito da palavra, pois conhece as regras matemáticas que regem o mundo sonoro e suas respectivas implicações filosófico-metafísicas, visto que pode julgar com precisão os ritmos e as melodias. Afinal, a especulação é independente e autônoma com relação a qualquer demonstração prática.

Figura 2
Ilustração da capa de um manuscrito da Escola de Notre Dame (sécs. XII/XIII), na qual vemos Boécio e os três tipos de música: mundana, humana e dos instrumentos.

---

[4] Para Bruyne (1998, p.33) os músicos se dividem em 3 classes: os cientistas, que se ocupam exclusivamente das proporções abstratas, os compositores, que de modo reflexivo e com conhecimento de causa aplicam a ciência da harmonia para fazer melodias, e os críticos, que também se apóiam no conhecimento científico para julgar a adequação das composições.

Certamente, Boécio é o herdeiro mais fiel do pensamento clássico e parece ser indiferente para com as questões religiosas e suas conseqüências. No início do *De Institutione* (Livro1, 2), ele apresenta o fundamento de sua concepção musical originária na Antigüidade, propondo a divisão da música em três categorias: *mundana, humana e dos instrumentos*. A primeira, *musica mundana*, refere-se à harmonia em seus fundamentos, a que rege o movimento dos astros, a mistura dos elementos e a sucessão das estações: não podemos escutar o som produzido aqui porquanto ela é macrocósmica.

A *musica humana* é o acordo entre a razão e a sensibilidade, o equilíbrio entre a alma e o corpo, pois enquanto concretização da *musica mundana*, reflete no homem a harmonia maior. Este, um microcosmo, também é regido pela harmonia: esta se revela através da consciência reflexiva, da introspecção intelectual, porque é "a condição essencial do acordo ontológico entre o sujeito conhecedor e o objeto conhecido" (Bruyne,1998, p.26). Observe-se que nestes dois casos o som se identifica com o conceito de harmonia e o ouvir torna-se irrelevante. Já para a música *dos instrumentos* o som é necessário, porém a música produzida por eles é apenas um prolongamento das qualidades das demais. Seus princípios são idênticos as outras duas esferas, mas seu estatuto é de ordem inferior.

Outros pensadores também se destacam na Idade Média e sobre eles se falará de modo conciso. Cassiodoro (480-575) foi um autor enciclopédico que tentou sistematizar a tradição clássica e, por esse motivo, não tentou criar nenhuma teoria inovadora. Para ele, a música possuía vínculos estreitos com a religião e com o aspecto científico-matemático e, portanto, um de seus objetivos era conciliar os fundamentos pitagóricos com os do cristianismo. Diferentemente de seu contemporâneo Boécio, seus escritos dirigiam-se para um público de nível médio (o que lhes confere um forte teor pedagógico) e sublinham, sobretudo, os efeitos psicológicos e sensíveis das artes e da música, bem como sua utilização pela religião.

Em sua obra *Institutiones,* Cassiodoro compreende a música como a maior dentre todas as ciências, pois é vista como o ponto de convergência entre dois mundos, o ético e o intelectual. Ético, na medida em que a música sonora, através dos efeitos psíquicos provocados nos ouvintes (calma, elevação dos pensamentos, entre outros), simboliza a harmonia física e moral. O prazer causado pela escuta, um efeito primordial, é o fundamento para o bem-estar do corpo, pois reflete o equilíbrio da alma.

O aspecto intelectual acentua o lado científico-matemático. Já que a proporção e a harmonia se realizam nos sons, Cassiodoro estende esta associação para um nível universal: se a proporção é compreendida como o objeto da música e ao mesmo tempo pode ser encontrada em todas as coisas, o todo é regido pela música. Ele considera essencialmente "música como harmonia e ritmos interiores: por este motivo, obedecer aos mandamentos divinos significa realizar, por meio de palavras e ações, essa harmonia superior" (Fubini, 1997, p.76).

Com relação à música sonora, Cassiodoro a apresenta sob duas formas. A primeira, a sinfonia, é a que produz a melodia, seja por meio da voz, dos instrumentos de corda ou de sopro. No entanto, a voz é considerada um instrumento natural e a música produzida por ela é superior, pois composta de três partes: harmonia (estuda a consonância entre grave e agudo); rítmica (estuda os acentos e durações das palavras e sua harmonização com a qualidade das notas); e métrica (estuda a sucessão das longas e breves). O segundo tipo é chamado de música artificial, pois produzida pelos instrumentos fabricados pelo engenho humano e assim considerada inferior. Observe-se ainda que Cassiodoro se inspira na definição platônica sobre a música, quando se refere à música vocal.

Isidoro de Sevilha (560-636), um outro autor importante do período, notabilizou-se por sua obra *Etymologiarum* (composta por vinte volumes), uma espécie de dicionário enciclopédico etimológico, no qual procura resgatar a cultura antiga por meio do estudo das origens das palavras de determinados campos do saber.

O fundamento desta obra baseia-se na seguinte convicção: a denominação da palavra pode conter em si informações sobre a própria realidade referida, ou ainda, sendo a palavra o símbolo de um determinado objeto, quem souber o sentido da palavra poderá alcançar a natureza da coisa a qual ela se refere; assim, o conhecimento do real torna-se passível de ser encontrado por intermédio do conhecimento etimológico, do estudo das origens das palavras. Apesar do método empregado, baseado mais na imaginação subjetiva do que na demonstração científica (no sentido moderno do termo), a obra de Isidoro tornou-se referência para os autores posteriores, como por exemplo, Tomás de Aquino.

Segundo Edgar de Bruyne (1998, p.89-92), Isidoro propõe uma distinção entre a arte e a ciência. Mesmo considerando que ambas visem ao conhecimento, a primeira orienta-se para a ação ou fabricação, pois privilegia a capacidade intelectual de fazer algo prático, independentemente da finalidade que será dada ao objeto produzido. A ciência, por sua vez, tende ao conhecimento do saber puro, cujo escopo é a verdade e a certeza. A arte vista como uma ocupação do espírito é uma atividade liberal; no entanto, enquanto produção de obras, é uma atividade servil, pois há uma intervenção das atividades manuais.

Com relação à música, Isidoro engloba em suas reflexões tanto a música artística (a produção de uma obra) como a música científica (a especulação intelectual), e esta última tem por objetivo o conhecimento das proporções realizadas nos sons e nos gestos, enquanto a artística visa à modulação. Na seqüência de seu texto sobre o assunto, o autor não se constrange e praticamente copia seus antecessores: "retoma a definição de Agostinho, escreve a etimologia da palavra, ressalta sua importância, faz alusões à música cósmica e humana, enumera seus efeitos e repete a classificação de Cassiodoro: harmônica, rítmica e métrica" (Bruyne, p.90-1).

No entanto, Isidoro introduz uma novidade, inserindo uma classificação dos sons que constituem as melodias. Divididos em dois grandes grupos, sons vocais e instrumentais, subdivide também este último em dois outros grupos, a saber, sons produzidos pelo sopro ou pelo toque. Os instrumentos que necessitam de uma intervenção manual dividem-se, ainda, em instrumentos percussivos e de cordas pinçadas.

A partir dos séculos VIII e IX, opera-se uma significativa mudança no pensamento musical da Idade Média. O período conhecido por Renascimento Carolíngio (entre os séculos IX e XI) é marcado por um gradativo afastamento dos princípios teológicos que regiam a estética musical e um encaminhamento para questões de ordem mais prática, tais como a normatização de uma teoria musical, problemas relacionados à composição e à interpretação.

Essa nova perspectiva com relação à música não significa, entretanto, que as especulações metafísicas e científicas, advindas principalmente do pensamento de Boécio, tenham sido abandonadas por completo em prol de uma prática musical estrita: todavia, é notável a simultaneidade dos eventos, ou seja, o declínio da soberania do pensamento cristão como justificador da teoria e prática musical e a ascensão de questionamentos voltados para a realidade musical concreta.

Apesar das justificativas para tal mudança serem variadas e complexas, isso não impede a apresentação de algumas. A primeira delas é a transformação técnica e funcional que a música sofreu desde o nascimento do canto gregoriano até surgimento da polifonia; um segundo ponto seria a nova atitude investigativa que se firma por parte dos teóricos até o Renascimento; um terceiro aspecto pode se justificar pelo intercâmbio musical entre as cidades, no qual o papel desempenhado pelos trovadores é fundamental. E uma conseqüência desta mudança verifica-se no crescente número de tratados técnicos, mesmo que muitos deles não tragam grandes variações significativas.

De acordo com E. Fubini (1997, p.101), Alcuíno (735-804), por exemplo, é o primeiro escritor que tenta fazer uma sistematização teórica dos oito modos litúrgicos do cantochão. Seguindo as orientações de Boécio e Pitágoras, traça ainda um quadro classificatório das ciências, no qual a música detém um lugar de destaque junto às disciplinas matemáticas:

Filosofia

Ética   Física   Lógica

Aritmética, Música, Geometria, Astronomia, Astrologia, Mecânica, Medicina

Definindo a música como "a disciplina que trata dos números que se descobrem nos sons", Alcuíno acredita que sua sistematização dos modos litúrgicos – quatro autênticos e quatro plagais[5] – reproduz fielmente os modos gregos, conferindo-lhes assim, a autoridade da tradição antiga. No entanto, sabe-se que esta correspondência não é verdadeira, pois uma série de erros, equívocos e confusões, advindos desde os tempos de Boécio, justifica aqui bem mais uma alteração do ponto de vista cultural do que propriamente musicológico.

Semelhante transformação das estruturas musicais se insere em um processo mais amplo, segundo o qual o mundo medieval, apelando continuamente aos teóricos e filósofos do mundo antigo e adotando as terminologias musicais e filosóficas da

---

[5] Cada um dos quatro modos gregorianos secundários (Lá a Lá, Si a Si, Dó a Dó, Ré a Ré), isto é, derivados ou relativos dos modos autênticos, e fixados por São Gregório (c. 540-604); modo derivado.

> *linguagem destes, modificam profundamente a trama cultural subjacente e constroem aos poucos, quase que de modo involuntário, um mundo que não tem nenhuma relação – a não ser por sua vazia envoltura externa – com aquele outro mundo ao qual apelam sem cessar. Da mesma maneira que no plano musicológico, os primeiros teóricos medievais, ao efetuar suas reflexões, entram em estreito contato com os problemas derivados das escalas modais fixadas pelos gregos; também no plano filosófico, tais teóricos se reafirmam nos pontos mais sólidos da concepção musical dos antigos, em conceitos tais como a música como ciência e das leis musicais como espelho das leis do universo – causadores da fratura radical ocorrida entre a teoria e a prática; as teorias sobre o ethos musical etc. (Fubini, 1997, p.101-2)*

Destacam-se ainda neste período, os tratados *Enchiridion Musices* (ou *Musica Enchiriadis*), um manual de música escrito no século X e atribuído a Odo de Cluny, e o *Scholia Enchiriadis*, um comentário do *Enchiridion*, escrito provavelmente por um clérigo anônimo francês. Apesar da referência explícita ao primeiro tratado, o *Scholia* difere-se substancialmente daquele (ainda voltado para uma concepção platônica da música), na medida em que enfatiza não somente a participação da música entre as disciplinas do *quadrivium* [6] mas também os aspectos práticos da polifonia.

No século XI, Guido d'Arezzo (995-1050) assinala com propriedade em seu tratado *Regulae Rythmicae*, a diferença qualitativa existente entre o plano prático e o teórico musical advindo da Antiguidade, a qual ainda se mantinha praticamente intacta em sua época:

> *É imensa a distância que existe entre os músicos e os cantores:*[7] *estes cantam, aqueles conhecem a constituição da música. Aquele que faz o que não sabe, pode ser definido como besta. (Fubini, 1997, p.107)*

Apesar da ênfase atribuída ao músico teórico em detrimento do prático na definição citada, a maior contribuição de Guido será em direção da música prática, a partir da criação de um sistema de notação baseado em cores (para designar os graus da escala por determinadas sílabas que os re-

---

[6] As sete artes liberais da Idade Média eram compostas pelo *trivium* (retórica, gramática e dialética) e *quadrivium* (matemática, geometria, música e astronomia).
[7] Considerando-se que a música instrumental (no sentido moderno do termo) era praticamente inexistente nesta época, entende-se aqui por instrumental, a música vocal.

presentam) e nos dedos da mão (para indicar as linhas nas quais elas deveriam estar). Estava inventada, portanto, a pauta e as notas musicais, sendo estas indicadas pela primeira sílaba de cada um dos versos do hino a São João Batista: *ut* (posteriormente *dó*), *ré, mi, fá, sol, lá* e *si*, depois que Guido observou que estas sílabas subiam um grau da escala a cada verso consecutivo.

Figura 3
Ilustração da "Mão Guidoniana" em um tratado de 1274.

Capítulo III

Renascimento

Ao redor do ano de 1300, a cultura intelectual européia passava por um processo de alteração profunda. Desde os séculos XII-XIII, o mundo latino estreitara o contato com a filosofia judaica e árabe, as quais preservaram as obras gregas nos séculos em que o mundo cristão se fixou em firmar sua doutrina e combater as heresias. As traduções latinas do árabe e do grego provenientes de Toledo (Espanha), o maior centro de traduções à época, fomentou um interesse profissional no campo da filosofia e das ciências, pois foi através destes escritos que o mundo ocidental tomava contato, pela primeira vez, com várias obras de Aristóteles, bem como de outros filósofos gregos e literatos gregos e latinos.

O interesse do homem renascentista pela Antigüidade se diferia da perspectiva dos eruditos medievais, na medida em que não pretendiam subordinar o conhecimento a princípios religiosos ou teológicos; mesmo não sendo anticristãos ou ateus, eles conseguiram recuperar a tradição da sabedoria secular, expandindo e melhorando o campo científico assim como os estudos literários.

O "humanismo", termo usado como sinônimo para referência ao Renascimento, tem seus antepassados históricos no próprio período. No entanto, a origem de seu uso e o contexto no qual ele deve ser compreendido difere das explicações mais usuais. Paul Kristeller, reputado estudioso da época, esclarece a questão:

> *Não podemos deixar de lado o termo* Humanismus, *em seu sentido específico de um programa e de um ideal de educação clássica, pelo fato de sua origem ser recente. Ele provém de uma palavra similar, 'humanista', cuja origem remonta ao próprio Renascimento. A palavra latina* humanista *e suas equivalentes em italiano, francês, inglês e outros idiomas, foram termos de aplicação comum, durante o século XVI, para aqueles que eram professores, mestres ou estudantes de humanidades; tal uso seguiu vivo e era bem compreendido até o século XVIII. A palavra parece ter surgido no meio estudantil das universidades italianas, nas quais o professor de humanidades era chamado de* umanista, *por analogia a seus colegas de disciplinas mais antigas, que durante séculos foram chamados de* legista, jurista, canonista *ou* artista.
>
> *O termo humanista, cunhado no apogeu do Renascimento, provém de um termo anterior: de 'humanidades' ou* studia humanitatis. *Autores romanos antigos como Cícero e Gélio empregaram este termo em um sentido geral de educação*

liberal ou literária, sendo usado por extensão pelos sábios italianos dos finais do século XIV. Na primeira metade do século XV studia humanitatis passa a significar um ciclo claramente definido de disciplinas intelectuais – ou seja, a gramática, a retórica, a história, a poesia e a filosofia moral – entendendo-se que o estudo de cada uma destas matérias incluía a leitura e interpretação dos escritores latinos usuais, e em menor grau, dos gregos. Este sentido de studia humanitatis *esteve em voga no século XV e posteriormente, temos seus ecos no emprego que damos ao termo 'humanidades'. (1982, p.39-40)*

Assim, depreendemos a partir desta explicação que o humanismo renascentista não pode ser entendido como uma filosofia, como um sistema filosófico compacto, mas sim como um programa educacional e cultural. O enfoque literário associava-se bem mais à filosofia moral – única matéria da área filosófica que por vezes adentrava no currículo – do que à lógica ou à metafísica; de modo análogo, a matemática, a astronomia, a medicina, as leis e a teologia eram também excluídas.

No que se refere à música, o início do século XIV também é marcado por transformações. O contraponto, uma técnica composicional que possibilita a execução de duas ou mais melodias ao mesmo tempo, já era um fato indiscutível, e pesquisas no campo da harmonia e na parte estrutural da composição já se mostravam presentes nos escritos da época. A polêmica em torno da *Ars Nova* e a postura conservadora adotada pela Igreja ante as inovações técnicas, culturais e estilísticas, estimularam tanto os teóricos como os filósofos da música a revisarem seus pressupostos, desde muito cristalizados. Em outras palavras, a parte especulativa, essencialmente teórica e por muitas vezes afastada da realidade musical (a harmonia do cosmos), começa a se aproximar dessa prática e trazer para seu campo de investigação, questões mais voltadas para as composições vocais e instrumentais e para a harmonia criada pela pesquisa humana. Complemente-se ainda que foi justamente nesta época que nasceram os primeiros embates teóricos de cunho verdadeiramente estético, deixando entrever, assim, quais as reais posições assumidas pelos debatedores.

> **Box 1** *Johannes de Muris,* Notitia artis musicae - *Prólogo*
>
> Aristóteles, o príncipe dos filósofos, afirma no Prólogo de sua Metafísica que a marca distintiva do sábio é a capacidade de ensinar. Os teóricos podem ensinar em qualquer que seja a arte, os práticos não o podem. Os homens da experiência (da prática) sabem bem o como das coisas, mas eles ignoram o porquê. Estes que fazem, não o fazem por ciência – mas à maneira a qual o fogo queima. Assim, nós pensamos que, em cada arte, a faculdade de compreender e o saber pertencem bem mais à arte do que à experiência. É por isso que nós julgamos os homens de arte mais sábios do que os homens de experiência. E é por isso que nós pensamos que a arte se fundamenta mais na ciência do que na experiência. Aqueles são capazes de ensinar, estes, ao contrário, não podem.
>
> Entretanto, visto que a arte vincula-se aos universais, a experiência às coisas singulares (particulares), e visto que os universais pressupõem as coisas singulares, a arte pressupõe, portanto, a experiência. Seguramente a experiência criou a arte e nós constatamos que os homens da experiência são muito úteis àqueles que possuem a razão sem experiência. Também é necessário a cada arte, apresentar primeiramente uma teoria e uma prática apropriadas, a fim de que aquilo que é conhecido como universal possa ser aplicado ao singular. Mas como toda arte depende das coisas da experiência, é necessário que cada homem de arte comece por adquirir um conhecimento prático de sua arte.
>
> Assim, para que cada um tire proveito e tomando o cuidado em revelar uma verdade que foi por muito tempo escondida, nós nos propomos a conceder toda a nossa atenção à arte da música nos esforçando em esclarecer, em algumas palavras, primeiramente a música teórica, depois a música prática – a qual não é reprovável misturar um pouco de teoria.

É nessa perspectiva que se insere a primeira citação do Box 1, atribuída a Johannes de Muris (1295-1348/49), importante teórico francês nascido na Normandia, cujos tratados foram muito conhecidos e citados até o século XVI. O *Notitia artis musicae* é um tratado com fins pedagógicos, no qual o autor procura assegurar um fundamento matemático-filosófico na redefinição entre a teoria e prática da música. Seu propósito, que se reforça com a citação resumida das observações feitas por Aristóteles no primeiro livro da *Metafísica* (980a-982a), torna-se mais evidente na segunda citação, na qual, após enfatizar efeitos e funções da música, o autor apresenta uma definição mais precisa, em que os elementos matemáticos (aritméticos e geométricos) são destacados como complementares (Box 2).

> **Box 2** *Johannes de Muris*, Compendium Musicae Practicae, *Capítulo VI: De musica*
>
> O que é a música? É a arte (ars) mestra das artes: ela contém todos os princípios que fundam a prática; ela se assenta no primeiro grau da certeza; ela se desdobra harmoniosamente, de uma maneira admirável, na natureza de todas as coisas; ela é um prazer para o espírito e uma doçura para os ouvidos; ela alegra os tristes e satisfaz os ávidos; ela confunde os invejosos e reconforta os aflitos; ela adormece os despertos e acorda os adormecidos; ela nutre o amor e exalta a riqueza; ela tem por finalidade instituir o louvor a Deus.
> Outra definição: a música é uma ciência que ensina a arte e a maneira de cantar apropriadamente com a ajuda de notas formadas como se deve.
> O que é uma nota? Uma figura quadrilátera, de significação arbitrária, representando um som quantificado, mensurado pelo tempo.
> O que é uma figura quadrilátera? Uma figura delimitada por quatro ângulos.
> O que é um ângulo? Ele é triplo.
> Como? Reto, obtuso, agudo.
> O que é um ângulo reto? Um ângulo formado pelo abaixamento de uma linha perpendicular sobre uma linha reta.
> O que é um ângulo obtuso? Um ângulo maior do que um ângulo reto.
> O que é um ângulo agudo? Um ângulo menor do que um ângulo reto.

Entretanto, é necessário observar que os trechos citados se remetem também a uma outra discussão não menos importante e que também se fazia polêmica à época, a saber, qual o lugar epistemológico ocupado pela música no conjunto do conhecimento.

Desde a Idade Média, as artes liberais se dividiam em dois grupos: o *trivium*, composto pela gramática, retórica e a dialética, e o *quadrivium*, do qual faziam parte a aritmética, a geometria, a música e a astronomia. Apesar de a música pertencer ao conjunto das disciplinas matemáticas e poder ser estudada apenas em um nível teórico, abstrato, o desenvolvimento das questões de ordem prática trouxeram à tona uma discussão que fora negligenciada, pois tratada por muito tempo como irrelevante: mesmo que a música utilize um instrumental matemático para a sua feitura, ela não pode ser apenas considerada como uma ciência puramente matemática, na medida em que ela compartilha duas disciplinas: a aritmética, para a proporção dos intervalos, da notação, do ritmo, entre outros, e a física (a acústica), pela aplicação de princípios matemáticos a uma matéria física ou natural. Parece ter sido Tomás de Aquino o primeiro a utilizar o termo *scientia mediae* (ciência média) relacionado à música.

Mesmo com a introdução de questões de ordem prática na discussão sobre a música, a primeira metade do Renascimento ainda é tributária do pensamento medieval, pois sua teoria, racionalmente elaborada, complexa e abstrata e conseqüentemente sua estética, eram mais próximas da visão da música como ciência do que como arte.

W. Tatarkiewicz apresenta alguns pressupostos gerais que resumem de modo preciso este período introdutório:

1. A música é ciência: *ciência da consonância, da harmonia e desarmonia. É uma ciência como a aritmética e a geometria. As composições musicais são, portanto, uma aplicação dessa ciência.*

2. As relações harmônicas podem ser apreendidas pelo ouvido, mas também pelo intelecto; *a música espiritual (*speculativa*), que não é passível de ser ouvida, é ainda mais perfeita do que aquela que se pode escutar. Assim, a música não se exaure no âmbito daquilo que é escutado.*

3. As relações harmônicas estão presentes não apenas na voz humana e nos instrumentos musicais, mas também na natureza e na alma. *A música da natureza e da alma é originária e natural, enquanto que a produzida pelo homem é imitativa e artificial. A música se divide em três gêneros fundamentais: música cósmica* (mundana), *música da alma* (humana) *e música feita pelo homem* (instrumentalis).

4. Como as relações harmônicas existem no mundo, o compositor não tem necessidade de inventá-las; deve muito mais estudá-las e imitá-las. *Pressupõe-se, portanto, que o musicista trabalhe bem, porém bem mais como um estudioso do que como um artista, no sentido que damos hoje ao termo. Poder-se-ia subdividir ainda a música em teórica e prática: a primeira pertence ao âmbito do estudioso, daquele que analisa as proporções harmônicas; a segunda é do campo do musicista prático, do compositor e do virtuoso. Na verdade, segundo uma concepção que era própria dos antigos e que foi professada com maior convicção pelos teóricos medievais, o verdadeiro musicista é o estudi-*

oso da música e não o compositor ou o virtuoso, ou seja, é aquele que compreende a música no mundo e não aquele que compõe uma música sua, em termos modernos, os musicólogos e não os musicistas.

5. Na música – assim como na ciência – existe uma única solução correta para cada problema, *e assim, não há razão para andar à procura da variedade e da novidade.*

6. O conhecimento da verdadeira harmonia contida na música produz como conseqüência, uma elevação moral. *O prazer que se experimenta na escuta é uma questão secundária.*

7. Harmonias diversas têm efeitos psicológicos diversos: *umas impulsionam o espírito para a ação, outras debilitam o espírito. A antiga teoria grega dos modos [e seus respectivos* éthos*] fazia parte também dessa parte da teoria no Renascimento. (1980, III, p.305-6)*

A retomada das implicações do *éthos* musical grego, porém em um outro contexto, é o que se observa na terceira citação (Box 3) atribuída a Johannes Tinctoris (1435/36-1511). Autor de vários tratados teóricos, inclusive um sobre o contraponto, distingue-se entre os teóricos do período, na medida em que se afasta de toda especulação teológica e cosmológica sobre a música, privilegiando os aspectos matemáticos que se relacionassem diretamente com a prática musical; em outras palavras, a única música que lhe interessa realmente é a produzida pelos instrumentos, aquela que deve ser algo mais do que uma análise matemática dos sons, que possa ser guiada pelo juízo da audição e, portanto, um objeto de análise objetiva.

Box 3 *Tinctoris,* Complexus effectuum musices
Efeitos causados pela música:

1) *Agradar a Deus;*
2) *Embelezar os louvores de Deus;*
3) *Amplificar o gozo dos santos;*
4) *Assemelhar-se à Igreja militante e triunfante;*
5) *Preparar para receber a bênção divina;*
6) *Estimular os ânimos à piedade;*
7) *Afastar a tristeza;*
8) *Abrandar a dureza do coração;*
9) *Afugentar o diabo;*
10) *Provocar o êxtase;*
11) *Elevar a mente terrena;*
12) *Modificar a má vontade;*
13) *Deixar os homens contentes;*
14) *Curar os enfermos;*
15) *Suavizar os esforços;*
16) *Incitar os ânimos ao combate;*
17) *Atrair o amor;*
18) *Aumentar a alegria dos banquetes;*
19) *Glorificar os músicos;*
20) *Santificar as almas.*

Na obra *Complexus effectuum musices*, escrita entre 1472-1475, Tinctoris apresenta uma nova concepção da finalidade da música, a partir da catalogação de 20 efeitos produzidos por ela. Estes efeitos, que podem ser divididos em 4 tipologias – religiosa, moral, utilitária e estético-hedonista – se fundamentam no estímulo emotivo, na audição efetiva da música e não em classificações antepassadas, sobretudo naquela prescrita por Boécio.

Já na Antigüidade, Filodemo de Gadara (século I a.C.), em sua obra *Peri mousikés (Sobre a música)*, havia tentado sustentar, contra o pensamento dominante (Pitagóricos, Platão e Aristóteles), que a música por si mesma é incapaz de suscitar quaisquer efeitos morais, pois deve ser considerada apenas como um som que atinge os nossos ouvidos. O ritmo e a melodia não podem afetar o caráter, as ações, os pensamentos nem as opiniões. Se a música produz algum efeito sobre nossa alma, isso se dá apenas pelo fato de que ela acompanha um texto poético.

A despeito das diferenças de pressupostos entre Filodemo e Tinctoris, pois o primeiro refere-se a uma autonomia da música instrumental, é possível detectar também uma semelhança no que se refere à música cantada e suas respectivas atribuições ou efeitos. Em sua classificação, Tinctoris se refere aos efeitos suscitados por esta última, assim como uma possível adequação e correlação entre música e texto.

Figura 1
Anjos medindo o Universo.

A relação entre música e texto prenuncia uma reviravolta nas concepções estéticas e teóricas musicais e a introdução de aspectos totalmente novos, ou ainda, mesmo que estes aspectos sejam reincidentes, a ênfase da discussão se dará por vias distintas. A partir do século XVI, vê-se um crescente interesse por parte dos teóricos e compositores pela música vocal solista em detrimento da música coral. Este interesse colocará também em xeque, toda a tradição da escritura contrapontística proveniente da Idade Média, pois é junto a essa discussão de ordem técnica que se encontrará o fundamento estético de tal debate.

A retomada do aristotelismo e das antigas teorias sobre os efeitos da música (teoria do *éthos*) reintroduz a questão do prazer como objeto e finalidade da música. Em 1498, a tradução da *Poética* de Aristóteles realizada em Veneza, e sua primeira versão para o latim em 1503, são um fato decisivo, pois compreendida como uma obra normativa, ela torna-se uma espécie de manual para todo aquele que se aventurasse na feitura de composições lítero-musicais.

Dois outros fatores também provenientes da Antigüidade se somam a este: por um lado, a retomada dos estudos da retórica antiga, através das obras de Cícero e Quintiliano, e a crença de que os poderes miraculosos, curativos e persuasivos da música, já enunciados desde Pitágoras, eram também similares aos objetivos da oratória; por outro, a relação entre a música e a matemática (também atribuída a Pitágoras), cuja estreita ligação se dava pelo fato de que a música seria uma incorporação sensível do número e da razão.

Como assinala Edward Lippman (1994, p.26-7), o que se percebe nesse debate entre música e texto é que a linguagem verbal é diferente da estrutura matemática - as duas idéias (ou campos) têm muito pouco em comum e são potencialmente incompatíveis. As representações musicais da matemática e da retórica pertencem a grupos diferentes das artes liberais - *trivium* e *quadrivium*. Esse conflito, que originou os primeiros escritos da moderna história da Estética Musical, era de natureza fundamental, pois em um primeiro nível, a contestação da matemática e da retórica[1] fundamentava-se

---

[1] Retomando Kristeller (1982, p.42), o autor observa a importância da retórica, seja no contexto mais amplo do Renascimento ou em particular, no contexto da poesia: "Não compreenderemos cabalmente a importância histórica da retórica se não levarmos em consideração – à parte as teorias retóricas de filósofos como Aristóteles e seus sucessores escolásticos ou dos retóricos que tentaram combinar a retórica e a filosofia, como Cícero – a retórica dos retóricos; ou seja, dos autores profissionais dedicados à prática da oratória e da escrita. Na Itália medieval, este ofício esteve representado solidamente, a partir dos finais do século XI, pelos chamados *dictadores*, pessoas que com base em livros de textos e em modelos ensinavam e praticavam a arte, eminentemente prática, de compor documen-

em um debate sobre o belo e a expressividade, cujas ramificações são percebidas na área da prática e do pensamento musical.

Como apontado no início do capítulo, a educação renascentista é marcada pela preponderância das chamadas disciplinas intelectuais – a gramática, a retórica, a história, a poesia e a filosofia moral. Entre os séculos XV e XVI, momento no qual se observa um distanciamento cada vez mais evidente com relação ao pensamento medieval, a relação entre música e texto e a teoria do *éthos* começam a exigir uma importante reformulação teórico-estética, pois quando combinada com a palavra e com os conceitos, a música deixa de ser uma construção matemática e de se parecer com uma ciência. A música torna-se, por assim dizer, uma espécie de arte da representação, cuja finalidade é a expressão; ou ainda: "da poética, emerge a idéia de natureza criativa da arte e da teoria da música, a questão dos fatores psicológicos implícitos na arte" (Tatarkiewicz, 1980, III, p.317).

Vê-se, assim, nas primeiras décadas do século XVI, o nascimento de um novo gênero musical, no qual misturam-se música, texto e elementos teatrais: o melodrama, que a partir de 1600, será conhecido como ópera. O debate em torno desse novo gênero suscitou problemas nunca levantados com tanta evidência na história da música e sua defesa ou condenação foi defendida com bastante vigor.

Os pontos principais podem ser resumidos nas seguintes perguntas: o que deverá prevalecer neste novo gênero musical, a compreensão do texto ou a expressividade musical? A palavra, os textos das canções, deverá se subordinar à escritura musical ou o seu contrário? É possível ter uma plena compreensão de um texto cantado, quando ele é executado a quatro, seis ou dezesseis vozes em escrita contrapontística? A música instrumental possui uma capacidade expressiva própria? Ou sua expressividade nada mais é do que fruto da imitação da expressão da palavra?

---

tos, cartas e discursos públicos. Graças a investigações recentes, ficou claro que os humanistas do Renascimento eram os sucessores dos *dictadores* italianos da Idade Média, de quem herdaram as distintas pautas da epistolografia e da oratória, todas elas determinadas, em maior ou menor medida, pelos costumes e pelas necessidades práticas da sociedade medieval. No entanto, os *dictadores* medievais não eram estudiosos do clássico nem empregavam em suas composições modelos clássicos. A contribuição dos humanistas consistiu em aportar a firme crença de que, para escrever e falar bem, era necessário estudar e imitar os antigos. Isto nos permite entender porque no Renascimento os estudos clássicos raramente estavam separados do objetivo literário e prático dos retóricos: escrever e falar bem."

Essas questões complexas não foram, como se pode suspeitar, resolvidas de modo satisfatório nem ao menos aceitas de modo passivo pelos compositores e teóricos musicais. A controvérsia entre o contraponto e o nascente sistema tonal e o melodrama e a música polifônica (música coral) saiu, por assim dizer, do âmbito estritamente musical e tornou-se um objeto de discussão de filósofos, escritores e do público culto em geral.

Mesmo tendo sido iniciado na Itália, o debate sobre a criação e o desenvolvimento do melodrama tornou-se, no decorrer dos séculos XVII e XVIII, uma disputa entre a supremacia da ópera italiana ou francesa, envolvendo-se não apenas questões de ordem filosófica e das características das respectivas línguas, mas também a eficácia da música para atingir o propósito da imitação de conceitos e afetos representados pelas palavras. Vê-se, assim, que a compreensão do texto tornara-se o ponto crucial do debate, colocando por muitas vezes, o acompanhamento musical em um segundo plano.

Antes de se adentrar neste ponto específico, faz-se necessário apresentar em linhas gerais, alguns pressupostos que se firmaram a partir da metade do Renascimento e que contradizem uma parte das suposições básicas das teorias estéticas da Antigüidade e da Idade Média. Como aponta Lewis Rowell (1987, p.105), estas proposições não são interdependentes, nem jamais foram expostas em conjunto. Apesar de incompletas, por serem no momento citados apenas esboços, indicam algumas tendências que se firmarão nos séculos posteriores.

1. *A arte é criatividade.* O artista, que trabalha a partir de sua imaginação, faz algo que é novo. Para ser um grande artista é necessário ter talento e para ser grandioso é necessário ter genialidade.

2. *O ser de cada obra é único, individual, pleno de novidades e cria suas próprias regras.* Um artista trabalha a seu modo e empenha-se para alcançar seu estilo pessoal.

3. *A arte não é necessariamente uma representação da natureza.* Pode-se melhorá-la, distorcê-la, ou prescindir dela por completo; pode inclusive ser abstrata.

4. *O propósito primário da arte é a expressão, a comunicação dos sentimentos do artista a seu auditório, por intermédio de sua obra.* Para ele, a arte cumpre uma necessidade humana básica.

5. *A verdade da arte não é a verdade da ciência.* A arte é uma atividade cuja essência é misteriosa e irracional. A percepção das obras de arte é uma forma de conhecimento, mas não é conhecimento do mundo exterior.

6. *A arte é diversa e não está sujeita a cânones absolutos.* A beleza é subjetiva; não é uma propriedade dos objetos, mas de nossas reações perante eles. Nossos juízos são subjetivos e relativos.

7. *A arte pode ser uma espécie de jogo.*

8. *A arte existe por si mesma e não por ter um objetivo superior.*

Complementando, cabe dizer ainda que apesar de um aparente abandono da concepção racional da música em favor de um crescente subjetivismo, este dado não corresponde à verdade dos fatos. Ao contrário, o que os teóricos do Renascimento almejavam era justificar de modo mais sólido e coerente, o uso real que se fazia dos intervalos musicais, fundamentados na experiência prática e não em teorias totalmente apartadas da vivência empírica da música.

> **Box 4** *Gioseffo Zarlino,* Le Institutioni Harmoniche
>
> Resta-nos agora ver (...) como as submissas palavras devem acompanhar as harmonias. Digo acompanhar as harmonias às palavras pelo seguinte: porque, se bem que na segunda parte (...) se tenha dito que a melodia é um conjunto de oração, harmonia e número[2] e ao que parece, nenhuma dessas coisas, dentro da composição, é mais importante que as demais, [dentro da melodia] se instala a oração como coisa principal e as outras duas como coisas que estão a serviço da oração (...). Por este motivo, se não é lícito aos poetas compor uma comédia baseada em versos trágicos, tampouco é lícito, no caso dos músicos, que uma coisa se acompanhe pela outra, ou seja, a harmonia pelas palavras, fora de todo propósito.
>
> Não convém, portanto, que em relação a uma matéria de caráter alegre, usemos uma harmonia triste e números graves, nem que em relação a uma matéria de caráter fúnebre e que inunde de lágrimas, usemos uma harmonia alegre e números ligeiros ou velozes. Ao contrário, é necessário que se faça uso de harmonias alegres e números velozes para as matérias alegres, assim como de harmonias tristes e números graves para matérias tristes, na medida em que se faça cada coisa com sua devida proporção (...) Devo advertir também que, ao acompanhar na medida do possível cada palavra, na qual essa expresse aspereza, dureza, crueldade e amargura e coisas parecidas, as harmonias devem expressar um conteúdo similar: devem ser duras e ásperas, mas sem chegar a fazer algum dano. Igualmente quando algumas palavras expressem pranto, dor, suspiros, lágrimas e coisas parecidas, a harmonia deverá aproximar-se da aflição (...)

A quarta citação (Box 4) pertence ao teórico italiano Gioseffo Zarlino. O propósito de seu tratado *Le Institutioni harmoniche*, escrito em 1558, é encontrar um sistema mais simples e racional da escrita musical para adaptar as palavras à música. Para que isso ocorra, de acordo com seu ponto de vista, é necessário que exista uma harmonia correspondente (na música) ao significado específico de cada palavra.

Na passagem citada, observa-se primeiramente que Zarlino recupera a definição platônica de música (v. cap.1), que enfatiza a supremacia do texto em relação aos outros elementos; ao mesmo tempo, esta definição cum-

---

[2] Essa definição remonta a Damon (séc. V a.C.) e foi retomada por Platão na *República*, III (393e-399c). Aqui, a palavra "número" deve ser entendida como "ritmo".

pre aqui a função de validar suas observações. Além do mais, ele pretende esboçar um tipo de vocabulário musical com morfologia e sintaxe, por meio de analogias entre ambas linguagens.

A linguagem verbal se converte, assim, em modelo para a linguagem musical e é este ideal que será perseguido pelos primeiros compositores e libretistas de ópera. A construção de uma 'precisa' teoria semântica da música estaria ainda de acordo com os princípios racionais que se prenunciavam à época, pois este método tem por objetivo auxiliar o compositor a não se contradizer na utilização da música e da palavra, assim como proporcionar uma clara e total compreensão da obra por parte do público.

Mas é em Florença, em meio às reuniões da *Camerata Bardi*, que os argumentos a favor do melodrama são delineados. A *Camerata Bardi* - um grupo de intelectuais e músicos que se reunia na casa do conde Bardi, grande animador cultural do Renascimento tardio florentino – tem um papel decisivo na crise da teoria tradicional, pois apesar de seu objetivo ser revolucionário, ele também continha elementos paradoxais, ou seja, pretendiam revolucionar a música por meio de um retorno à Antigüidade.

Figura 2
Jacopo Peri, o pai do melodrama, vestindo um costume teatral.

Vincenzo Galilei (o pai do físico Galileu), que participava deste grupo, apresenta em seu tratado *Dialogo della musica antica e della moderna* (1581), a idéia de que a música grega atribuía um *éthos* específico para cada tipo de modo musical. Portanto, a teoria do *éthos* grego, cuja identificação com a teoria dos afetos ocorre de modo imediato, respalda de modo decisivo a condenação do contraponto: segundo a visão da *Camerata* e do próprio Galilei, a música contrapontística se dirigia apenas para os sentidos e não à melhora moral, pois não conseguia comunicar idéias ou melhorar as emoções. O canto polifônico, por envolver simultaneamente várias vozes, seria portador de um conglomerado de *éthos* distintos, causando uma confusão de significados para quem escuta, em razão da falta de clareza do texto.

Veja-se, a seguir, um trecho no qual Vincenzo Galilei apresenta suas justificativas:

> *Tão confusa e contrária mistura de notas não pode produzir efeito algum em quem escuta, ainda que cada parte tenha a propriedade singular de causar esta ou aquela impressão no ouvinte, o que não ocorre de modo algum na moderna prática contrapontística, que confunde umas partes [musicais] com outras e impede as operações naturais. [...] Não há nada mais engenhoso e de curioso no contraponto moderno, a não ser o [caráter] vago e gracioso [que contém], as consonâncias, assim como o uso [que faz] das dissonâncias, sempre de modo que estas últimas se acomodem aos recursos oportunos e se resolvam conforme um critério justo. Com o objetivo de expressar conceitos que se gravem nos afetos dos ouvintes, ambas representam, além de um enorme impedimento, um veneno; a razão é esta: a delicadeza contínua [que aporta], a abundância de acordes, mis-*

Figura 3
Instrumentos de corda (viola da gamba, viola bastarda e lyra de bracio *italiana*) ilustrados no *tratado* Syntagma Musicum II *(De* Organographia*), de M.* Praetorius.

turada com a aspereza e o amargor das dissonâncias, além de outras mil maneiras supérfluas de artifícios que são investigadas pelos contrapontistas do nosso tempo, com a finalidade de ampliar os ouvidos, representa, como eu disse, um enorme impedimento para com o objetivo de comover o ânimo, o qual ocupado e mais ou menos preso nas redes do prazer, não dispõe de tempo para entender nem levar em consideração as palavras mal pronunciadas.(Fubini, 1997, p.145/47)

Duas preocupações aparecem no texto citado. A primeira, de ordem técnica, ataca o contraponto por promover uma mistura de afetos e a segunda, de ordem estética, na qual o autor condena a audição musical como mero prazer sensório, pois a compreensão do texto é fundamental.

No final do Renascimento, a polêmica em torno da ópera toma dimensões grandiosas: na Itália, culmina com a disputa entre Artusi e Monteverdi, atravessa as fronteiras e se instala na França. Um outro fato ocorre também nesta época e se projetará para a história futura: ao mesmo tempo em que a música deixa de ser considerada apenas como ciência, ela começa a ser tratada como um objeto adequado para a pesquisa científica. Com isso, duas vertentes de pesquisa se delineiam, a saber, a pesquisa histórica, iniciada por Calvisius e a pesquisa acústica, que será representada por Marin Mersenne, em seu tratado *Harmonie Universelle*.

Capítulo IV

Barroco
Classicismo

No terceiro volume do livro *História de la Estética*, o historiador Wladislaw Tatarkiewicz (1980, III,p.359-63) destaca o fato de que o ano de 1600 significa bem mais para a história do que apenas uma linha demarcatória entre períodos. Uma série de eventos políticos, religiosos, sociais e artísticos transformam o pensamento ocidental, distanciando-o cada vez mais da visão de mundo do homem medieval-renascentista, na medida em que suas posições sobre a experiência e o pensamento começam a se redefinir à luz das modernas descobertas científicas. As questões filosóficas focalizam-se agora na individualidade, na atividade mental e no meio pelo qual se pode obter conhecimento, pois *razão*, *natureza* e *progresso* são os grandes temas que permeiam o século XVII e parte do XVIII.

No que se refere à música, esta ambiência efervescente favorece, em muito, o desenvolvimento de variadas teorias musicais, e a teoria musical, entendida aqui em um sentido específico, começa gradativamente a transformar-se em uma disciplina prescritiva: embora alguns teóricos continuem a basear suas especulações na prática musical, é notável o crescimento e a identificação de princípios organizacionais da música e seu respectivo implemento em um sistema. A aplicação do método matemático e da filosofia natural em relação aos intervalos sonoros, por exemplo, contribuiu sensivelmente na constituição do moderno sistema da harmonia tonal, e de modo mais amplo, na identificação dos elementos da teoria musical. Ao mesmo tempo, o julgamento dos filósofos sobre a música se afasta progressivamente da análise das estruturas internas da composição, para retomar, em um outro contexto, a antiga idéia de que a música teria a capacidade de imitar conceitos e afetos, e volta-se para a análise dos efeitos destes no espírito humano.

As duas obras de Descartes nas quais a música comparece como objeto de discussão – *Compendium musicae* (escrita em 1618, mas publicada postumamente em 1650) e *As paixões da alma* (obra de 1649, que de modo indireto influenciou

Figura 1
Retrato de Descartes.

os tratados musicais futuros) - demarcam bem as duas vertentes assinaladas anteriormente. No prólogo de *Compendium*, Descartes apresenta sua definição de música afirmando que "sua finalidade é agradar e mover em nós as variadas paixões" (1987, p.54). No entanto, cabe notar que na seqüência do texto, o autor prescreve as condições preliminares para que tal finalidade seja atingida, afastando-se assim de uma interpretação assentada no mero sensualismo (auditivo ou geral), ou ainda, em um subjetivismo extremado e personalista. Mas é no tratado *As paixões da alma* que Descartes explica de maneira detalhada o mecanismo acústico e fisiológico em função do qual a música age em nossos sentidos, e em conseqüência, em nossa alma.

Ainda em 1600, a relação entre a música e a palavra (ou com a literatura), alcança um lugar de destaque, sobretudo pelo fato de ser, exatamente, nesta data que se vê o nascimento de um gênero musical, que será o grande palco desta discussão: na cidade de Florença, em comemoração ao casamento de Maria de Médici e Henrique IV, é apresentado pela primeira vez um drama musical intitulado *Eurídice* - uma obra que funde a poesia, a música e o teatro e que será denominada 'melodrama', e futuramente 'ópera'.

Como já apontado no capítulo anterior, o debate sobre a relação da música e a palavra e a criação do melodrama (a ópera), atravessa as fronteiras da Itália e se instala em solo francês. No entanto, antes de se adentrar nessa discussão, faz-se necessário destacar uma mudança de ordem epistemológica ocorrida no decurso dos séculos XVII e XVIII, sobretudo no que se refere aos termos 'imitação' e 'natureza'. De acordo com E. Fubini, é importante notar que

> *(...) durante o século XVII, o termo* natureza *é empregado como sinônimo de razão e de verdade e o termo* imitação *indica o procedimento destinado a embelezar e tornar mais agradável e amena a verdade racional. No entanto, durante a segunda metade do século XVIII, encontramos o emprego do termo* natureza, *quase paradoxalmente, como símbolo de sentimento, espontaneidade e expressividade, enquanto o termo* imitação *é empregado para indicar coerência e verdade dramática, ou seja, o vínculo que deve manter a arte com a realidade.*[1] *(1997, p.178)*

---

[1] Grifos da autora.

A história da ópera na França está diretamente relacionada com o reinado de Luis XIV e com a presença do músico italiano Giambattista Lulli, ou Jean-Baptiste Lully, como será conhecido posteriormente. Até 1670, o cenário musical francês foi dominado por músicos e compositores italianos, em parte por influência da rainha Maria de Médicis (de origem florentina), e sobretudo pela presença do Cardeal Mazarino. A despeito da constante afluência dos músicos italianos à corte e das várias montagens de óperas, o gosto musical francês não era compatível com este tipo de espetáculo. Por maior que tenha sido o número de representações deste gênero, a França possuía uma outra tradição musical e literária e, por esse motivo, desenvolveu um tipo de produção operística bastante particular.

Dois fatores importantes diferem a ópera francesa da italiana: o primeiro deles, refere-se ao fato de a ópera francesa reservar um espaço em meio ao enredo para a evolução da dança; o segundo aspecto é a alternância entre o texto declamado e o texto cantado. A inserção da dança nos espetáculos teve sua origem no *ballet de cour* (balé da corte), cuja origem remonta ao reinado de Henrique III, com a apresentação do espetáculo *Ballet comique de la reine* (Balé Cômico da Rainha), em 1581. O segundo fator fundamenta suas bases na tradição literária e, em especial, na teatral. Vale dizer ainda que Lully foi o principal compositor da corte no século XVII e, também, responsável pela introdução destas inovações e pela produção do primeiro espetáculo totalmente cantado em língua francesa.

> **Box 1** *François Raguenet,* Parallèle des Italiens et des Français en ce qui regarde la musique et les opéras
>
> As árias italianas são mais amplas e audaciosas que as árias francesas, o caráter é levado ao excesso, seja o patético, o alegre, ou qualquer outro sentimento. Os italianos, por sua vez, unem por caracteres que os franceses consideram incompatíveis. Os franceses, nos trechos com várias partes, enfatizam apenas o sujeito; os italianos, ao contrário, tornam as árias sempre igualmente belas e inventivas; enfim, o gosto destes últimos é inexaurível para inventar, enquanto o dos primeiros é comumente sem graça e limitado: é isto que procurarei demonstrar com clareza entrando nos detalhes de todos estes argumentos. (...)
>
> (...) Não se faz mais nada de belo na França depois da morte de Lully e assim, aqueles que amam a música se encontram sem divertimento e sem esperança; só resta viajar para a Itália e garanto que a mente deles, enquanto cansada da escória da música francesa, estará plenamente disponível e atenta para a música italiana: de fato, as árias italianas de qualquer tipo não se assemelham em nada às árias francesas, o que não se compreenderá jamais caso não se viaje para a Itália: de fato, os franceses não conseguiriam imaginar que se possa fazer algo de tão comovente em matéria de música que não se assemelhe às belas árias italianas que se escutam na França. Eis as vantagens que os italianos têm sobre os franceses no que se refere à música em geral.

O debate entre a soberania da música ou do texto na França[2] começa precisamente no ano de 1702, quando o abade François Raguenet escreve o texto intitulado *Parallèle des Italiens et des Français en ce qui regarde la musique et les opéras* (*Paralelo entre os italianos e os franceses no que se refere à música e às óperas*) (Box 1). Este texto originou-se de uma viagem feita pelo abade a Roma e em cuja ocasião teve a oportunidade de conhecer em seu local de origem, tanto a música como o melodrama italianos. Nele, Raguenet exalta as características da ópera francesa trazidas por Lully, tais como a seriedade, a austeridade, a sujeição às regras de espaço-tempo da ação dramática, a escolha do argumento trágico ou mitológico, em contrapartida ao estilo italiano, mais popular, melodioso e mais voltado para o virtuosismo dos intérpretes do que para

---

[2] Durante o séc. XVIII foram publicados na França cerca de 132 tratados filosóficos ou teóricos relativos às artes, ciências ou letras. Ver Sabatier, 1998: 466-471.

a coerência do enredo. Vê-se, a seguir, uma citação de E. Fubini, em que o autor explicita esta diferença, pois

> (...) *se escrevem muito melhor [as óperas francesas] do que as italianas; sempre coerentes enquanto ao propósito e ainda quando se representam sem música, nos cativam como qualquer outra peça dramática (...) [as óperas italianas] são pobres e incoerentes rapsódias, sem propósito nem conexão de qualquer tipo (...) suas cenas consistem em diálogos e solilóquios triviais, no término dos quais se introduz a esmo uma de suas melhores árias, com a finalidade de concluir a cena em questão (1986, p.71)*

Mesmo apontando certas qualidades do espetáculo francês, Raguenet se rende ao final do texto à ópera italiana, pois reconhece nesta um brilhantismo, uma criatividade e uma expressividade musical que jamais será alcançada por seus compatriotas. O gosto clássico, comedido e circunspecto da corte francesa não permitiam este gênero de extravagância e de espontaneidade, pois uma prática dessa ordem contrariava a tradição racionalista e o conceito de imitação vigente à época.

Dois anos depois, em 1704, a resposta ao texto de Raguenet chega pelas mãos de Jean Laurent Le Cerf de La Viéville de Fresneuse. Posicionando-se como um representante oficial da cultura erudita francesa e grande admirador do finado compositor Lully, Le Cerf publica *Comparaison de la musique italienne et de la musique française* (*Comparação da música italiana e da música francesa*) e na seqüência um outro texto, *Traité du bon goût en musique* (*Tratado do bom gosto em música*). No primeiro texto, no qual participam outros dois interlocutores, o autor exalta algumas regras básicas para a composição musical: a naturalidade, a simplicidade, a extinção dos excessos e dos supérfluos e a observância estrita das normas, qualidades que reportarão ao bom gosto. Veja-se a seguir, algumas passagens do texto, transcritas por E. Fubini:

> (...) *O fato é que em nossa música tudo é 'doce, simples, encadeado, controlado, natural, composto, regular', enquanto para os italianos é o oposto (...) O que importa se nossos compositores são preguiçosos e também ignorantes, se com sua ignorância e preguiça nos oferecem as melhores coisas e a música que contém a verdadeira e duradoura beleza, ao contrário daquela oferecida pelos italianos, com toda sua criatividade e profundidade? (...) As belas árias italianas são aquelas nas quais percebemos um 'não sei que' de particular e de italiano: mas*

quando isso chega ao excesso se torna um grave defeito. A natureza é a mãe comum de todos os povos e de todas as suas obras: ela inspira tudo, e para haver um resultado excelente é necessário que este a expresse da mesma maneira como ela lhe inspira. A natureza bem expressa, eis a fonte e o segredo de cada beleza (...) Mas tudo isso com discrição, com uma sabedoria digna de um verdadeiro musicista, com determinação e um gosto digno de um homem de espírito - por vezes rara -, e sempre com moderação. Por assim dizer, a prática, o empenho, o estudo fazem o artesão, mas o espírito dominado pelo gosto não faz o excelente artesão.(1986, p.74-7)

O texto de Le Cerf esclarece de modo preciso o porquê de sua reprovação. Segundo seu ponto de vista, a ópera italiana é por demais exuberante e, justamente por esse motivo, se contrapõe diretamente, seja ao comedimento e às normas de composição, seja com relação à temática da tragédia lírica, assim como àquele ideal de revivescência da tragédia grega, cuja austeridade se faz presente na ópera francesa através do recitativo criado por Lully. De modo análogo, Le Cerf reporta-se ao conceito de imitação (*mímesis*) da natureza para justificar a supremacia francesa; ou seja, se a natureza, compreendida aqui como algo passível de ser matematizada e portanto medida, é a base das realizações humanas, estas realizações, para serem consideradas verossimilhantes, não podem se contrapor estruturalmente à sua fonte de origem.

Como já foi apontado, o debate em torno da ópera e da música em geral entusiasmou uma grande parte da intelectualidade francesa, e por conta disso houve à época uma proliferação de escritos e tratados sobre o assunto, independendo, entretanto, do tipo de instrução musical e do ponto de vista estético defendido por cada escritor. Escritores como Beaumarchais e os filósofos Voltaire, Diderot e Rousseau, para citar os mais conhecidos, lançaram-se na escrita de libretos operísticos ou introduziram a temática musical em suas obras filosóficas. Como observa Belinda Cannone, "o gênero que uniu música e literatura, produziu igualmente um tipo de subgênero literário que nos permite hoje compreender melhor como (com aqueles ouvidos, a partir daquelas opiniões estéticas) se escutava a música no século XVIII" (1998, p.4).

Segundo a autora (p.31-45), um dos fatores que propiciaram a produção deste subgênero foi a criação do recitativo, parte na qual os eventos do drama podem ser encadeados de forma lógica e coerente, em uma integração de música e texto. Diferentemente dos recitativos das óperas italianas, que cumpriam apenas a função de passagem entre as árias cantadas, o recitativo francês era o ponto culminante da expressão e dramaticidade, logo o veículo da emoção. As exigências de uma pronúncia enfática e clara, juntamente com um tom de voz mais altivo mediavam a fala comum e a arte musical.

Quinault, o grande libretista do séc. XVII, já observara em seus primeiros trabalhos que a composição de poemas para este tipo de espetáculo exigia um trabalho delicado, visto que o texto deveria se integrar em um todo ligado por uma intriga (música instrumental e cantada, dança e representação) e, ao mesmo tempo, ter a dignidade da tragédia e ocupar seu lugar entre os gêneros sérios. Somando-se ainda a questão da visibilidade, as *tragédies en musique*, como eram denominadas, deveriam ainda produzir emoções ou evocar situações emocionais que fossem de fácil decodificação.

Quando comparada à estrutura da tragédia clássica, a *tragédie en musique* apresenta muitas diferenças. A movimentação dos personagens em cena, a temática centrada nas inúmeras variantes do amor (assuntos de ordem moral ou político são excluídos) e os fatos sobrenaturais (festas marinhas, batalhas imaginárias, preces, súplicas, entre outros) impõem o ritmo aos libretos, determinando assim a unidade de tempo e lugar, que de modo geral trabalham com o contraste, a variedade e a surpresa.

A estrutura dos poemas também é muito diferente da tragédia declamada porquanto emprega refrões e utiliza repetições freqüentes; seus versos são desiguais, a forma estrófica se faz presente nas cenas mais emocionantes e a escolha de um vocabulário favorável ao canto é imprescindível. O coro, por exemplo, que ocupa um lugar de destaque em Quinault, intervém tanto no divertimento quanto na ação. Seu papel consiste em cantar um sentimento único, de acordo ou não com os atos do herói. O divertimento, com a presença dos solistas ou do conjunto, interrompe freqüentemente a ação, aportando um momento de pausa após a tensão. O prólogo do espetáculo, que sempre contava com a presença do Rei (na época, Luis XIV), tinha por objetivo enaltecer as virtudes e os grandes feitos de seu protagonista. Cabe observar, no entanto, que esta particularidade do prólogo não era um ornamento no conjunto do espetáculo, visto que sua estrutura é exatamente idêntica à da tragédia que se desenrolará depois.

De toda maneira, não se pode perder de vista que a tragédia dramática é o ponto de referência da *tragédie en musique*. Referindo-se aos trabalhos de

Catherine Kintzler, uma pesquisadora especialista no assunto, B. Canonne assinala em uma longa passagem que

> *A ópera de Lully e Quinault, assim como a de Rameau, é (...) a representante da estética clássica fundada sobre a teoria cartesiana das paixões. Descartes, e com ele o classicismo, definiam a paixão como uma emoção descontrolada, um fenômeno sofrido pela alma (...) A paixão não é desagradável em si mesma, mas a impossibilidade de prever e de controlar os seus efeitos, a torna problemática. A explicação materialista das paixões postula que elas utilizam a via do corpo para atingir a alma, lugar na qual elas são ilusões. Mas como resolver esta questão? Descartes afirma que as paixões dependem estritamente das ações que as produzem e apenas indiretamente podem ser modificadas pela alma. Este poder indireto pode ser obtido de duas maneiras: primeiro, reunindo artificialmente as condições materiais suscetíveis para engendrar paixões agradáveis, deixa-se o corpo à mercê do tempo de um divertimento ou de uma comédia; segundo, adotando o ponto de vista de um filósofo, ou seja, um olhar que permite o distanciamento da situação por se colocar na posição de espectador, sendo este o espetáculo de si mesmo. Portanto, separadas da realidade que as tornam penosas, todas as paixões, mesmo as mais sofríveis, procurarão o prazer na alma, pois desta maneira ela provará a sua força. O que os filósofos só conseguem realizar a duras penas, a arte produz naturalmente por definição: a teoria cartesiana das paixões, que propõe uma ética do 'autocontrole', chega necessariamente ao princípio da ilusão estética. Pois nos dois casos de intervenção evocados por Descartes, ir ao teatro ou ser espectador de si mesmo, usa-se o mesmo artifício, ou seja, a representação. E é por isso que a estética clássica privilegia todas as formas de teatro, nas quais o artista utiliza os meios sensíveis para provocar a ilusão das paixões.(1998, p.40-1).*

Conclui-se, assim, que a música na *tragédie* só adquire sentido por sua referência à língua, ou ainda, na articulação música-palavra, sendo a primeira subordinada ao texto poético.

Entretanto, cabe lembrar que, à parte desta questão específica da ópera francesa, a crença de que uma possível expressão e/ou significado da música estaria sempre atrelado a algum tipo de texto não era um fato novo, pois como já visto anteriormente, esta tradição remonta à Antigüidade. Do ponto de vista técnico, a questão adquirira desde o Renascimento um grau de precisão, sofisticação e requinte, através dos estudos da retórica, em geral, e em particular, pela confecção dos compêndios de retórica musical, cujo objetivo era a tradução das figuras de linguagem em procedimentos composicionais específicos, visando a uma melhor adaptação entre música e texto. Veja-se a seguir, dois exemplos nos quais comparecem essas definições (Civra, 1991):

> **Anaphora-Repetitio** – grego-latim = repetição.
>
> *Johannes Susenbrotus* (1485–1542) – Repetição é quando uma mesma palavra começa vários membros de frase, ou ainda, quando a mesma expressão é sempre repetida no início de cada frase.
> *Joachim Burmeister* (1564-1629) – Anáfora é um ornamento similar a Palilogia porque esta repete apenas a voz do baixo, enquanto aquela repete as várias vozes.
> *Johannes Nucius* (1556-1620) – Repetição é quando em um contraponto florido ou *fracto*, um tema é repetido sem interrupção em uma voz, ainda que em diversas alturas.
> *Joachim Thuringus* (séc. XVII) – Anáfora é a freqüente repetição de um tema na voz do baixo.
> - Repetição, que também se chama *mímesis*, ocorre quando em qualquer voz de um contraponto florido ou *fracto*, um tema é repetido sem interrupção, mesmo que em alturas diversas.
> *Athanasius Kircher* (1602-1680) - Se chama anáfora ou repetição quando, para exprimir a força, uma frase é repetida várias vezes. Usa-se com freqüência para externar as paixões mais violentas, tais como crueldade e desprezo, como se pode ver na canção '*ad arma, ad arma*'. (p.114-15)

> **Noema** – grego = compreender; em lingüística: unidade mínima do significado.
>
> *Quintiliano* (35-95) – Existe também aquilo que os modernos chamam 'noema', palavra que tem tantas acepções, mas da qual são contemplados os pensamentos não ditos expressamente e que, ao contrário, se querem fazer entender.
> *Susenbrotus* - Noema é aquilo que se acena de modo vago e que o ouvinte deve adivinhar sozinho. Ou ainda: um dito obscuro atribuído a outrem.
> *Burmeister* – Noema é um conjunto de consonâncias que com doçura suave, e apenas uma vez, se une ao que foi dito.

- Noema é uma característica da harmonia ou da melodia na qual vozes diversas, unidas em homofonia e introduzidas em um tempo exato, atingem a escuta e o sentimento com admirável doçura. Um ornamento que se percebe do conjunto da composição e não das suas partes isoladas. No entanto, apenas examinando o trecho em sua totalidade e executando toda as vozes, o ornamento aparecerá em sua evidência.

Thuringus – Noema é um efeito muito prazeroso produzido por um conjunto de puras consonâncias introduzidas apenas uma vez entre as vozes de um canto. (p.154-5)

Faz-se necessário destacar que as definições citadas ultrapassam, no decorrer dos séculos, a música vocal e o gênero operístico e tornam-se, durante um certo período, modelos para a música instrumental. Este gênero, que apesar de sua existência desde a Idade Média nunca fora alvo de grandes discussões teóricas na historiografia musical, tomou um impulso desenvolvimentista paralelo às questões da adequação entre música e texto, aportando novos problemas técnicos e embates estéticos. Apesar da efetiva autonomia da música instrumental ocorrer apenas no final do século XVIII, a origem desta polêmica situa-se já no final do século anterior.

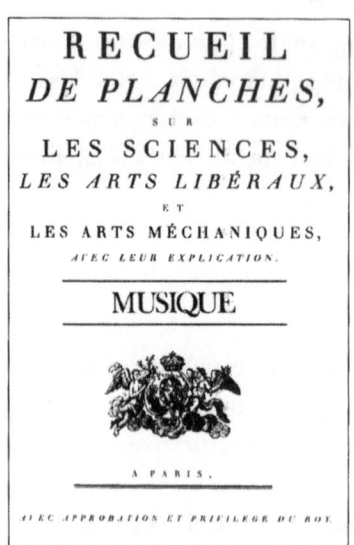

Figura 2
Fac-simile *da capa do tomo das ilustrações sobre música da* Encyclopédie.

Nas primeiras décadas do 'século das luzes', período também conhecido como Iluminismo, duas linhas de pensamento se instauram no campo da discussão musical. De um lado, encontra-se Jean-Philippe Rameau, importante teórico e compositor francês, responsável pela escrita do *Traité de l'harmonie réduit à son principe naturel* (*Tratado de harmonia reconduzido a seu princípio natural*), em 1722. Rameau, um músico racionalista de cunho cartesiano, fundamenta seu tratado na antiga tradição pitagórica, na visão da harmonia musical explicada através dos números e das proporções matemáticas. O caráter científico de sua abordagem pressupõe que a harmonia toma por base um princípio natural e originário, portanto, racional e eterno. Portanto, o conceito de natureza para Rameau é um sistema de regras matemáticas, ou ainda, se a música imita a natureza é porque ela expressa, por meio de sua organização do sistema harmônico, uma ordem de caráter mensurável e universal.

Do lado oposto, encontram-se os filósofos responsáveis pela realização da *Encyclopédie* (Voltaire, Diderot, D'Alembert e, sobretudo, Rousseau), para os quais a música se pauta na imitação da natureza, no bom gosto, na expressão dos afetos. Apesar do uso de uma terminologia convencional, as bases de tais conceitos adquirem no decorrer do século XVIII, uma nova acepção, distanciando-se gradativamente de seu entendimento usual e adquirindo, assim, um novo significado. Para Rousseau, o maior adversário das idéias defendidas por Rameau, o conceito de natureza torna-se equivalente a sentimento, espontaneidade, paixão, instinto, reação imediata, enfim, atributos assentados em um ponto de vista subjetivo. Vale dizer ainda que esta disputa entre Rameau e Rousseau também ocorre no universo da música vocal, e um dos principais pontos de discórdia será o uso e funções da harmonia.

> **Box 2** *Jean-Jacques Rousseau,* Tratado sobre a origem das línguas.
>
> Cap. XII: Com as primeiras vozes formaram-se as primeiras articulações ou os primeiros sons, segundo o gênero das paixões que ditavam estes ou aquelas. A cólera arranca gritos ameaçadores, que a língua e o palato articulam, porém a voz da ternura, mais doce, é a glote que modifica, tornando-a um som. Sucede, apenas, que os acentos são nela mais freqüentes ou mais raros, as inflexões mais ou menos agudas, segundo o sentimento que se acrescenta. Assim, com as sílabas nascem a cadência e os sons: a paixão faz falarem todos os órgãos e dá à voz todo o seu brilho; desse modo, os versos, os cantos e a palavra têm origem comum. À volta das fontes de que falei, os primeiros discursos constituíram as primeiras canções; as repetições periódicas e medidas do ritmo e as inflexões melodiosas dos acentos deram nascimento, com a língua, à poesia e à música, ou melhor: tudo isso não passava da própria língua naqueles felizes climas e encantadores tempos em que as únicas necessidades urgentes que exigiam o concurso de outrem eram as que o coração despertava.
>
> Foram em verso as primeiras histórias, as primeiras arengas, as primeiras leis. Encontrou-se a poesia antes da prosa, e haveria de assim suceder, pois que as paixões falaram antes da razão. A mesma coisa aconteceu com a música. A princípio não houve outra música além da melodia, nem outra melodia que não o som variado das palavras; os acentos formavam o canto, e as quantidades, a medida; falava-se tanto pelos sons e pelo ritmo quanto pelas articulações e pelas vozes. Segundo Estrabão, outrora dizer e cantar eram o mesmo, o que mostra acrescenta ele, que a poesia é a fonte da eloqüência. Seria melhor dizer que tanto uma quanto a outra tiveram a mesma fonte e a princípio foram uma única coisa.

Para Rameau, a coerência de uma obra musical assenta-se no uso preciso do sistema harmônico (ou tonal), no respeito de suas regras, pois a harmonia deve ser priorizada em detrimento da melodia e, portanto, oferecer a esta uma segurança para sua força expressiva. A teoria harmônica oferece os elementos da melodia e os critérios de sua combinação.

Contrariamente, Rousseau prioriza a melodia. Observa-se na citação do Box 2 que o autor enfatiza a união da fala e da música, assim como uma expressividade espontânea e intrínseca. Veja-se na seqüência, o comentário de E. Fubini sobre esta questão:

> *Rousseau prefere o canto [à música instrumental] por reencontrar nele a natureza originária da música. Em um passado mítico, quando o homem se encontrava em um estado de natureza, música e palavra constituíam um nexo indivisível e, conseqüentemente, o homem podia expressar suas paixões e sentimentos de um modo mais completo. Em outras palavras: em sua origem, as línguas possuíam acentos musicais; resultou ser um efeito desafortunado da civilização o fato de que as línguas foram desprovidas de seu caráter melodioso inicial e tornaram-se exclusivamente aptas para expressar raciocínios. Mesmo assim, ocorreu que os sons musicais, que em outros tempos configuravam o acento próprio da linguagem e representavam sua causa vital, ficaram isolados e empobrecidos em sua capacidade expressiva. É o canto melódico o que reconstrói esta unidade. (...) Contudo, (...) pode-se verificar que a linguagem não perdeu completamente sua musicalidade. Nesse sentido, cabe afirmar que as línguas nórdicas (o francês, o inglês e o alemão) são precisas, exatas, duras e articuladas; falam à razão, mas não ao coração, e se prestam para ser escritas e lidas. Ao contrário, as línguas orientais e meridionais (o árabe, o persa e, sobretudo, o italiano) são suaves, sonoras e musicais, e se prestam para ser faladas e ouvidas. A união da música com a poesia significa, para Rousseau, a valorização expressiva de ambas, assim como a redescoberta daquela arte que, devido à sua capacidade expressiva, pode realizar de modo mais exato, a imitação das paixões e dos sentimentos.(1997, p.203)*

Na continuação do texto, Rousseau ataca abertamente as idéias de Rameau sobre a harmonia, na medida em que procura caracterizá-la como uma racionalização da criação sonora que tende a abafar a invenção melódica. A despeito da legitimidade do sistema harmônico, Rousseau recorre à naturalidade e ao sentimentalismo que, segundo seu ponto de vista, são qualidades inerentes à música, ou ainda, é através da melodia que a música (como um todo) apresenta o que ela possui de mais essencial.

Dentre os filósofos que se envolveram em polêmicas musicais, D'Alembert foi o que mais se aproximou do pensamento racionalista. No texto introdutório da *Enciclopédia*, cuja primeira edição data de 1751, o autor apresenta claramente o plano geral da obra, norteado por dois objetivos: expor, na medida do possível, a ordem e o encadeamento dos conhecimentos humanos, assim como apresentar, sobre cada ciência e arte, os princípios gerais basilares e os detalhes essenciais que constituem em seu conjunto, o corpo e a substância.

A classificação das artes localiza-se após a filosofia e é definida a partir do princípio de imitação da natureza. O critério usado é relativamente simples, pois parte das artes que se aproximam mais dos objetos representados, para chegar àqueles cuja imitação é indireta.

> **Box 3** *D'Alembert,* Discours préliminaire de l'Encyclopédie
>
> A poesia, que vem depois da pintura e da escultura, e que para a imitação se serve apenas das palavras dispostas conforme uma harmonia agradável ao ouvido, fala mais à imaginação do que aos sentidos; apresenta diante daquela, de uma maneira viva e comovedora, os objetos que compõem este universo (....) Finalmente a música, que fala ao mesmo tempo à imaginação e aos sentidos, ocupa o último lugar na hierarquia da imitação; não porque sua imitação seja menos perfeita aos objetos que se propõe representar, mas porque até agora parece ter se limitado a um pequeno número de imagens; no entanto, não se deve atribuir isso tanto a sua natureza, mas sim a escassez inventiva e de recursos da maior parte daqueles que a cultivam.

No texto (Box 3), verifica-se que D'Alembert atribui à música o último lugar, pois sua capacidade imitativa parece ter se restringido a um estado de latência, de possibilidades. Reconhece, no entanto, que esta falha não ocorre pelo fato de a música não ter esta capacidade, mas sim por uma falta de habilidade dos músicos com relação a esta questão. Na seqüência do texto, D'Alembert esclarece sua posição:

> *A música que em sua origem talvez se destinasse apenas a representar ruídos, tornou-se pouco a pouco uma espécie de discurso ou mesmo língua, pela qual exprimimos diferentes sentimentos da alma, ou ainda, suas diferentes paixões: mas por que reduzir esta expressão somente às paixões e não estender, na medida do possível, até às próprias sensações? Mesmo que as percepções que recebemos por nossos diversos órgãos sejam diferentes entre si, assim como os objetos percebidos, podemos ao menos, compará-las de um outro ponto de vista que lhes é comum, ou seja, pela situação de prazer ou perturbação que provocam em nossa alma. (...) Eu não compreendo por que um músico que pretende retratar um objeto assustador, não pode procurar na natureza um tipo de ruído que produza em nós uma emoção semelhante àquela que um objeto [assustador] excita em nós.*

(...) Toda a música que não retrata nada, é apenas ruído; e sem o hábito que desnaturaliza tudo, ela oferecerá tanto prazer quanto uma seqüência de harmoniosas palavras sonoras desprovidas de ordem e de ligações. É verdade que um musicista atento a retratar tudo, nos apresentará em variadas circunstâncias, quadros harmônicos que serão endereçados apenas para os sentidos vulgares; mas o que devemos concluir, é que após terem feito uma arte para aprender música, deveriam também ter realizado uma arte para escutá-la. (2000, p.103-4)

Nesta seqüência, D'Alembert parece mudar o seu ponto de vista com relação à primeira parte, pois observam-se um preconceito e uma crítica com relação não somente aos músicos, mas à própria música. Ao estabelecer a definição da música como "forma de discurso e mesmo língua", deixa claro que o parâmetro que utiliza para tal crítica se assenta na comparação da estrutura da música a da linguagem verbal. Assim, como sintetiza Julian Rushton, "se o nível da articulação do pensamento é medido pela linguagem, a música está fadada à inarticulação, a menos que venham guiá-las as palavras" (1988, p.80).

Para D'Alembert, a música que não cumpre esta função subordinada ao texto - no caso, a música instrumental - se restringe a uma cartilha de sons indiscerníveis ou mesmo onomatopéias sem sentido. Afinal, a produção de um efeito certifica o sucesso da imitação, ou seja, cabe ao ouvinte estabelecer uma relação analógica dos sons musicais com os significados das palavras para que seja possível estabelecer um conteúdo concreto.[3] Dessa maneira, um significado musical torna-se verossímil, pois está de acordo com uma experiência lingüística sedimentada do ouvinte.

A famosa máxima do escritor e filósofo Bernard de Fontenelle (1657-1757), *'Sonate, que me veux-tu?´* (*Sonata, que queres de mim?*), registra de modo preciso o incômodo que a música instrumental deveria causar em seus ouvintes. Julgada como absurda por uma boa parcela dos intelectuais da época,

---

[3] Em um conhecido exemplo, D'Alembert esclarece o conceito de imitação do seguinte modo: "Se eu quiser exprimir musicalmente o fogo, que na separação dos elementos situa-se no lugar mais alto, porque não colocá-lo em um certo ponto de uma seqüência de sons que sobem rapidamente? Eu chamo a atenção dos filósofos para atentar, neste caso, que a música seria perfeitamente análoga nestas duas frases, igualmente admitidas na linguagem: *o fogo sobe com rapidez; os sons que sobem com rapidez*. A música apenas reúne de algum modo estas duas frases em um único efeito, colocando o *som* no lugar do *fogo*: a música desperta em nós a idéia contida nestas palavras, *subir com rapidez*". (D'Alembert 1986: 290)

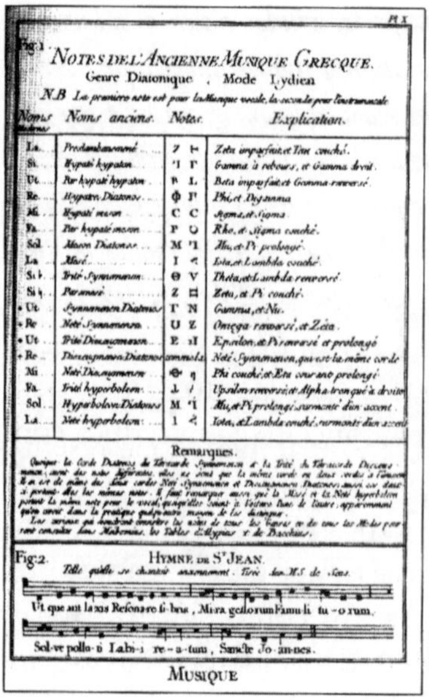

Figura 3
Fac-símile *da prancha sobre notação musical grega na* Encyclopédie.

a música instrumental se apresenta como algo novo e problemático, na medida em que não prescinde dos modelos estruturais da linguagem verbal para construir sua própria estrutura, assim como não necessita de explicações alienígenas para justificar sua existência.

No entanto, cabe lembrar que o ideal iluminista visava a uma arte que comprometesse o homem em sua totalidade e não aquela que se limitasse a provocar uma reação impulsiva e prazerosa em seu público. Esta arte imediata, hedonista, que afastava o homem de qualquer reflexão, era institucionalmente aceita na corte e representada por um certo tipo de música instrumental, que cumpria um papel acessório e decorativo em festas, jantares e reuniões sociais diversas. Nesse sentido, a música instrumental, quando comparada à música vocal e operística, era vista apenas como um conjunto de sons simultâneos, desconexos e alienantes, pois era difícil para um iluminista conceber que um pensamento artístico, coerente, engajado e reflexivo pudesse se prestar a uma situação tão frívola.

A música instrumental - representada pela suíte, pelo concerto grosso, pela sinfonia e sobretudo pela forma sonata - não poderia ser mais negada ou passar despercebidamente aos ouvintes, pois como visto anteriormente, aportava problemas e colocava questões bastante complexas e distintas. Por exemplo: se o modelo da linguagem verbal não pode ser usado como parâmetro para julgar esse gênero musical, a partir do que ou de qual modelo se poderá julgá-lo? Caso a música instrumental tenha a capacidade de imitar ou expressar sentimentos específicos de forma precisa, como explicar o fato de grupos diferentes, ouvindo uma mesma música, estabelecerem relações completamente distintas com relação ao seu significado? O fato de um ouvinte não reconhecer na música instrumental um significado, é suficiente para afirmar que ela não tenha significado algum? E ainda: é necessário que a música instrumental tenha algum significado?

A forma sonata pode ser considerada como a primeira organização instrumental sintática e autônoma da música. No que se refere ao plano formal, é divida em três partes, a saber: a) a exposição apresenta dois temas – o primeiro, na tonalidade principal da obra e o segundo, em uma tonalidade contrastante; b) no desenvolvimento, os temas já apresentados na exposição são retrabalhados e por vezes se afastam para tonalidades distantes. Esta parte tem um caráter mais dramático com relação à primeira; c) a reexposição retoma os dois temas já apresentados na exposição e ambos são apresentados na tonalidade principal da obra.

	Forma Sonata	
Exposição	Desenvolvimento	Reexposição
Tema 1 (tom principal), Modulação (transição), Tema 2 (tom secundário), Cadência	Retomada de parte dos 2 temas (modulações para tons distantes)	Reapresentação da Exposição (Temas 1 e 2) tonalidade principal, Coda (final)

Faz-se necessário destacar também que a organização da forma sonata está diretamente relacionada com a existência de um sistema fixo, no caso, o sistema tonal. Este sistema, cuja orientação subjacente é o centro tonal (o ponto de convergência que subordina todos os elementos estruturais da obra), possibilita o retorno de idéias musicais em uma tonalidade já ouvida previamente, ou ainda, o reconhecimento de elementos estruturais. Por exemplo: se na exposição de uma sonata, o primeiro tema for exposto na tonalidade de dó maior (tonalidade principal) e o segundo em sol maior (tonalidade secundária), quando o segundo tema aparecer novamente na reexposição em dó maior, ele será facilmente reconhecível porque apesar da mudança, ele reafirma idéias musicais que já são familiares na memória dos ouvintes.

Recorre-se novamente a E. Fubini, para esclarecer um aspecto relevante desta questão:

> *Empregando uma metáfora literária, poderíamos dizer que se a invenção da harmonia assentou as bases de uma gramática da linguagem musical, a forma sonata criou não apenas uma sintaxe, mas uma estrutura narrativa comparável a da novela, tal como se entende modernamente. A acusação que os iluministas dirigiam contra a música instrumental – que ela não podia falar, nem comunicar, nem expressar nada de maneira perfeita, restringindo-se apenas a roçar os sentidos – acaba sendo superada graças, justamente, à institucionalização lingüística e narrativa da forma sonata. (1997, p.246-7)*

Neste ambiente de efervescência intelectual, dominado pelas questões da supremacia da música italiana ou francesa na ópera, da harmonia ou da melodia e da música vocal ou instrumental, a Alemanha posiciona-se, perante este estado de fatos, de um modo completamente distinto. A aceitação da música instrumental como um gênero autônomo, por exemplo, não foi o ponto de discórdia entre os teóricos alemães, pois sua relevância era indiscutível. A polêmica ocorria em torno de qual estilo deveria nortear a música instrumental, ou ainda, sob qual sistema ou técnica ela deveria ser escrita: contraponto ou harmonia?

> **Box 4** *Johann Adolf Scheibe*, J. S. Bach: fadiga inútil
>
> *É um artista extraordinário no cravo e no órgão e não encontrou um só musicista que rivalizasse com ele. Muitas vezes eu escutei este grande homem tocar. Suas habilidades nos deixam maravilhados e mal podemos conceber como ele torna possível o cruzamento de seus dedos e pés de maneira tão rápida e singular, realizando os maiores saltos sem errar uma só nota e nem distorcer o seu corpo com movimentos tão enérgicos.*
>
> *Este grande homem seria objeto de admiração de nações inteiras caso fosse mais gracioso e não subtraísse toda a naturalidade de sua música com uma execução bombástica, cuja beleza é obscurecida por seus excessos artísticos. Como ele as julga por seus dedos, suas peças são de execução extremamente difícil, pois exigem que cantores e instrumentistas reproduzam através de suas gargantas e instrumentos, aquilo que ele realiza no teclado; entretanto, isto é completamente impossível. Todos os maneirismos, todos os ornamentos, tudo o que entendemos como próprios ao modo de tocar, ele escreve com notas reais e assim retira, não apenas a beleza da harmonia de suas peças, mas torna o canto absolutamente inaudível. Concluindo: ele é em música, o que foi outrora em poesia Lohenstein. A opulência arrastou a ambos da natureza para o artifício, do sublime para o obscuro. Em ambos, é admirável o trabalho compacto, pesado e a dura fadiga; é, no entanto, fadiga inútil, pois se direciona contrariamente a razão.*

A obra de J. S. Bach torna-se o ponto central dessa discussão, pois, contrariamente ao que ocorreu posteriormente, suas composições eram criticadas e julgadas como retrógradas pelos críticos e músicos partidários de um certo pensamento iluminista da época.

Um exemplo deste embate encontra-se no Box 4, ilustrado pelo texto do crítico e músico J. A. Scheibe. Em 1737, Scheibe publica o texto *J. S. Bach: fadiga inútil*, no qual apresenta suas justificativas de reprovação. Como se pode observar, o autor reconhece a maestria de Bach e o domínio que ele tem sobre os instrumentos de teclado, sobretudo o órgão; no entanto, seus ataques concentram-se no aspecto técnico da música, na escrita contrapontística.

Segundo o autor, a música de Bach soava como pouco racional, antinatural, não melodiosa e extremamente rebuscada. O entrelaçamento das vozes, a polifonia e o virtuosismo eram considerados inadequados para uma escuta que buscava o mero prazer auditivo e uma graciosidade superficial e passageira. Afinal, os argumentos de Scheibe são fundados justamente em um tipo de música que também fora alvo de críticas pelos iluministas, ou seja, uma música simplista e agradável que visava apenas à distração e à resposta imediata dos impulsos sensórios dos ouvintes.

Na seqüência, trechos da resposta à crítica de Scheibe, escrita por Johann Abraham Birnbaum, em janeiro de 1738. Amigo de Bach e conhecido professor de retórica em Leipzig, Birnbaum responde com o texto intitulado *"Comentários isentos a propósito de uma passagem duvidosa"*.

> *(...) Scheibe sublinha primeiramente na música de Bach, a falta de graciosidade (...) Uma notável passagem do periódico inglês "Spectator" é, quase por si só, suficiente para refutar esta acusação. Cito: 'A música não foi concebida para o único agrado de ouvidos tenros e, sim, para aqueles que sabem distinguir entre sons ásperos e suaves, ou seja, aqueles que sabem usar com propriedade as dissonâncias e resolvê-las com habilidade. A verdadeira graciosidade da música consiste na relação e na alternância das consonâncias e dissonâncias, sem que seja perturbada a harmonia. A própria natureza da música assim o exige. As diferentes paixões, especialmente as tristes, não podem se exprimir de modo natural, sem essa alternância'.(...)*

> *O compositor da corte Bach é também acusado de ter sufocado a naturalidade de sua música com um estilo bombástico e intrincado, descrevendo este estilo tanto difícil como obscuro. Mas o que seria bombástico na música? Será que se deve entendê-lo tal como significado dado ao termo na arte retórica, onde é usado para designar uma forma de escrita em que são aplicados os mais sublimes ornamentos de linguagem para enfatizar coisas insignificantes e destarte tornar ainda mais evidente a sua inconseqüência? O simples fato de se pensar assim em relação ao senhor compositor da corte constitui a mais grosseira injúria. Este compositor não desperdiça seus magníficos ornamentos em canções de taverna, canções de ninar ou demais galanterias insípidas (...)*

> *O que seria confuso em música? Se quisermos desvendar o pensamento do comentarista quanto a esta questão, é preciso encontrar a priori uma definição daquilo a que, geralmente, se dá o nome de confusão. Tanto quanto eu saiba, denomina-se confuso o que não é ordenado e cujas partes estão de tal maneira agregadas e misturadas que se torna impossível saber qual deveria ser a posição de cada uma*

delas (...) Mas, onde quer que as regras da composição sejam rigorosamente observadas, deve indubitavelmente existir ordem. Quero crer que o autor jamais consideraria o senhor compositor da corte como um violador destas regras. Além disso, é notório que nas obras deste grande mestre da música as vozes se entrelaçam de maneira maravilhosa e, sempre sem a menor confusão, progridem em seus movimentos conjuntos e contrários, conforme a necessidade. Elas se separam e voltam a se reunir em tempo hábil. Cada voz pode ser reconhecida e se distingue das outra por suas variações peculiares, mesmo quando se imitam umas às outras repetidamente. Elas se perseguem e se afastam sem que se possa detectar a menor irregularidade na maneira pela qual se substituem. Se executado de modo apropriado, nada é mais belo do que esta harmonia.(...)

O último elemento que o autor critica em Bach se baseia nisto: todas as vozes são conduzidas ao mesmo tempo e com a mesma dificuldade, sem que se possa reconhecer uma voz principal, que é presumivelmente entendida como a voz superior. No entanto, não encontro um motivo suficiente para justificar o fato de que a melodia deva se encontrar necessariamente na voz superior e nem porque o entrelaçamento complexo das vozes deva ser um erro. Poderíamos, antes de tudo, concluir o contrário, ou seja, que a essência da música consiste de fato na harmonia. A harmonia torna-se cada vez mais complexa na medida em que todas as vozes cooperam reciprocamente. Portanto, isso não é um erro mas, ao contrário, uma perfeição musical.(In: Fubini, 1986, p.250-54 e Harnoncourt, 1993, p.47-50)

A refutação de Birnbaum esclarece todas falhas de Scheibe, pois demonstra ter muito mais conhecimento técnico-musical e repertório crítico. Desconstrói passo a passo os argumentos equivocados, que ao fim e ao cabo,

Figura 4
Pieter Bruegel, o Velho. A temperança *(1560)*. Todos os personagens do quadro estão fazendo alguma atividade relativa à matemática. É uma alegoria que evoca a passagem do mundo qualitativo para o quantitativo.

se fundamentam também em um ponto de vista errôneo, ou ainda, um ponto de vista baseado em um senso comum que confunde expressão musical com expressão pessoal, e acredita que o objetivo da música, e das artes em geral, é a expressão de sentimentos individuais e subjetivos.

No final do século XVIII, a música vocal e operística se afasta definitivamente da música instrumental, e esta torna-se, pela primeira vez na história da música, o principal foco dos tratadistas, músicos e filósofos. Questões de cunho filosófico e metafísico são utilizados nas argumentações, o que coloca a discussão musical em um plano completamente distinto e complexo.

A partir de então, é a música e a filosofia alemã que dominarão o cenário, recolocando os principais temas discutidos em um âmbito totalmente novo.

Glossário

Analogia: Ponto de semelhança entre coisas diferentes.

Aulos: Entre os antigos gregos, designação comum a diversos tipos de flauta.

Contraponto: Palavra derivada do latim (*punctus contra punctus*, nota contra nota). Aplica-se à escrita musical com diversas partes e comporta duas dimensões: uma dimensão melódica ou horizontal (condução das diferentes vozes) e uma dimensão harmônica ou vertical (acordes resultantes das superposições).

Concerto grosso: Obra instrumental para orquestra de câmara, a qual é dividida em dois grupos: o *concertino* (grupo de solistas) e o *ripieno*, ou *grosso*, isto é, a massa orquestral. Os dois grupos estabelecem um tipo de "concorrência" entre si. Forma importante no período Barroco.

Epistemologia: Conjunto de conhecimentos que tem por objeto o conhecimento científico, visando explicar os seus condicionamentos (sejam eles técnicos, históricos, ou sociais, sejam lógicos, matemáticos, ou lingüísticos), sistematizar as suas relações, esclarecer os seus vínculos, e avaliar os seus resultados e aplicações.

Estilo galante: Estilo musical que ocorreu aproximadamente entre 1720 e 1760, também conhecido como estilo Rococó ou Pré-Clássico. Suas características são: simplificação harmônica, melodias baseadas ou imitadas da música folclórica, ritmos dançantes, contraste entre trechos rítmicos e melodiosos.

Estrutura: A disposição dos elementos ou partes de um todo; a forma como esses elementos ou partes se relacionam entre si, e que determina a natureza, as características ou a função ou funcionamento do todo.

Ética: Estudo dos juízos de apreciação referentes à conduta humana suscetível de qualificação do ponto de vista do bem e do mal, seja relativamente à determinada sociedade, seja de modo absoluto.

Etimologia: O estudo das palavras, de sua história, e das possíveis mudanças de seu significado.

Hedonismo: Doutrina que considera que o prazer individual e imediato é o único bem possível, princípio e fim da vida moral.

Hierarquia: Série contínua de graus ou escalões, em ordem crescente ou decrescente.

Metafísica: Parte da filosofia. É um corpo de conhecimentos racionais (e não de conhecimentos revelados ou empíricos), em que se procuram determinar as regras fundamentais do pensamento (aquelas de que devem decorrer o conjunto de princípios de qualquer outra ciência, e a certeza e evidência que neles reconhecemos), e que nos dão a chave do conhecimento do real, tal como este verdadeiramente é (em oposição à aparência).

Mimese: Imitação ou representação do real, ou seja, a recriação da realidade.

Ontologia: Parte da filosofia que trata do ser enquanto ser, ou seja, do ser concebido como tendo uma natureza comum que é inerente a todos e a cada um dos seres.

Patrística: Ciência que tem por objeto a doutrina dos Santos Padres e a história literária dessa doutrina. Período de transição da Antigüidade para a Idade Média, marcado pelos textos dos primeiros padres da igreja católica.

Prosódia: Em música, ajuste das palavras à música e vice-versa, a fim de que o encadeamento e a sucessão das sílabas fortes e fracas coincidam, respectivamente, com os tempos fortes e fracos dos compassos.

Suíte: Seqüência de danças (transcritas, estilizadas ou de peças livres), compostas na mesma tonalidade e alternadas em seu caráter e ritmo. Disposição mais freqüente: *alemanda* (movimento lento, compasso 4/4), *corrente* (movimento rápido, compasso 3/4), *sarabanda* (movimento lento, compasso 3/2), *giga* (movimento rápido, compasso 6/8 ou 12/8). Outras danças também podem ser incluídas, como a *gavota* (movimento moderado, compasso 4/4), a *bourrée* (movimento vivo, compasso 4/4), o *minueto* (movimento moderado, compasso 3/4) e a *pavana* (movimento lento e solene, compasso 4/4). Forma importante no período Barroco.

Techné: ofício, habilidade, ciência aplicada.

BIBLIOGRAFIA

Referências Bibliográficas

AGOSTINHO, SANTO. *Confissões*. Tradução J. Oliveira Santos e A. Ambrósio de Pina. Petrópolis: Vozes, 1997.

____. *La Musica*. Tradução, introdução e notas A. Ortega. Madrid: Ed. Editorial Cristã, 1988.

ARISTÓTELES. *Política*. Tradução, introdução e notas M. da Gama Kury. Brasília: Editora UnB, 1997.

CIVRA, F. *Musica poetica*. Torino: UTET Libreria, 1991.

CANNONE, B. *Musique et littérature au XVIII siècle*. Paris: PUF, 1998.

CHARRAK, A. *Musique et philosophie à l'âge classique*. Paris: PUF, 1998.

CHAILLEY, J. *La musique grecque antique*. Paris: Les Belles Lettres, 1979.

D'ALEMBERT. *Discours préliminaire de l'Éncyclopédie*. Introdução e notas de M. Malherbe. Paris: Jean Vrin, 2000.

____. *Éclaircissements sur les éléments de philosophie*. Paris: Fayard, 1986.

DE BRUYNE, E. *Etudes d'esthétique médiévale*. Paris: Albin Michel, 1998. 2v.

ECO, U. *Arte e beleza na estética medieval*. Tradução M. Sabino Filho. Rio de Janeiro: Globo, 1989.

FUBINI, E. *La estética musical desde la Antigüedad hasta el siglo XX*. Tradução C.G. Pérez de Aranda. Madrid: Alianza Editorial, 1997.

____. *Musica e cultura nel settecento europeo*. Torino: E.D.T., 1986.

HARNONCOURT, N. *O diálogo musical:* Monteverdi, Bach e Mozart. Tradução L.P. Sampaio. Rio de Janeiro: Jorge Zahar, 1993.

KIRK, G.S.; RAVEN, E. & SCHOFIELD, M. *Os filósofos pré-socráticos*. Tradução C.A.L. Fonseca. Lisboa: Fundação Calouste Gulbenkian, 1994.

KRISTELLER, P. *El pensamiento renascentista y sus fuentes*. Tradução F.P. López, México: Fondo de Cultura Económica, 1982.

LIPPMAN, E. *A history of Western musical aesthetics*. Nebraska: University of Nebraska Press, 1994.

____. *Musical thought in Ancient Greece*. New York: Da Capo Press, 1975.

MOUTSOPOULOS, E. *La musique dans l'œuvre de Platon,* Paris: PUF, 1989.

MURS, JEAN DE. *Écrits sur la musique*. Tradução C. Meyer. Paris: CNRS Editions, 2000.

PLATÃO. *A República*. Tradução e notas M. H. da Rocha Pereira. Lisboa: Fundação Calouste Gulbenkian, 1993.

____. *Fédon*. In: Os Pensadores. Tradução J. Paleikat e J. C. Costa. São Paulo: Abril Cultural, 1972.

ROUSSEAU, JEAN-JACQUES. "Ensaio sobre a origem das línguas". In: *Os pensadores*. Tradução L. S. Machado. São Paulo: Nova Cultural, 1991.

ROWELL, L. *Introducción a la filosofía de la música:* antecedentes históricos y problemas estéticos. Tradução M. Wald. Madrid: Gedisa, 1987.

RUSHTON, J. *A música clássica:* uma história concisa e ilustrada de Gluck a Beethoven. Tradução C. Marques. Rio de Janeiro: Jorge Zahar, 1988.
STRUNK, O. (Org.). *Sources readings in music history.* London - Boston: Faber and Faber Limited, 1965.
TATARKIEWICZ, W. *Storia dell'Estetica.* Tradução G. Fubini. Torino: Einaudi, 1980. 3v.
TATON, R. *La science antique et médiévale: des origines a 1450.* Paris: P.U.F., 1994.
WEISS, P. & TARUSCHIN, R. (Org.). *Music in the Western world:* a history in documents. New York: Schirmer Books, 1984.

Recomendações Bibliográficas em Português

Música

MASSIN, B.; Massin, J. *História da Música Ocidental.* Tradução A.G. Viana et al. Rio de Janeiro: Nova Fronteira, 1997.
GROUT, D. J. & PALISCA, C. V. *História da Música Ocidental.* Tradução A.L. Faria. Lisboa: Gradiva, 1997.
RAYNOR, H. *História Social da Música.* Trad. N. C. Caixeiro. Rio de Janeiro: Zahar Editores, 1981

Estética

BAYER, R. *História da Estética.* Tradução José Saramago. Lisboa: Estampa, 1979.
DUARTE, R. (Org.). *O belo autônomo:* textos clássicos de estética. Belo Horizonte: Editora da UFMG, 1997.
JIMENEZ, M. *O que é a estética?.* São Leopoldo: Unisinos, 1999.
VÁSQUEZ, A. S. *Convite à estética.* Rio de Janeiro: Civilização Brasileira, 1999.